昭和23年冬の暗号

猪瀬直樹

中央公論新社

目次

半蔵門線
皇居
永田町
桜田門
赤坂見附
国会議事堂
国会議事堂前
日比谷線
霞ケ関
赤坂
溜池山王
千代田線
虎ノ門
アメリカ合衆国大使館
銀座線
虎ノ門ヒルズ
泉ガーデンタワー
神谷町
旧石橋正二郎邸
東京タワー
麻布十番

関連地図（2021年５月現在）

昭和23年冬の暗号

昭和天皇とマッカーサー
（昭和20年９月27日撮影，アメリカ合衆国大使館．写真=Getty Images）

プロローグ

あの独裁者ヒトラーを喜劇の王者チャップリンが鼻の下に口髭をつけて演じると、怒気に満ちた表情がひっくり返って、たちまち滑稽になる。ヒトラーは演劇的な存在だった。しゃべり方、敬礼の仕方、身振りに手振り、そのすべてが。だからチャップリンはそのひとつひとつを少しずつズラしてしまうことで喜劇にして見せた。

レイバンの色の濃いサングラスをかけ、コーンパイプを口にくわえて厚木飛行場に降り立ったダグラス・マッカーサーもどこか芝居じみて見える。こぶしを振りあげる派手な身振りがない代わりに、白頭鷲が刺繍された軍帽を深く被り、威圧的で落ち着きがあり寡黙で、古風な礼儀と威厳を備えている父親のようであった。

有名な昭和天皇と並んだ写真。マッカーサーは軍服の略装で開襟シャツ、両手を腰にあて両脚をやや開いた気楽なポーズで堂々と見える。昭和天皇はモーニングに縞のズボン、ハイカラーにネクタイの正装で、踵(かかと)をつけて直立不動の姿勢で緊張した表情である。

　重要な証言をひとつ、つけ加えておかなければいけない。この写真では、マッカーサーは顎を引かずに少し上向き加減に突き出している。さらに腰に手をあてる動作で背中を反り返らせている。顔がうつむき猫背の姿勢でいると禿頭が写るのでそうならないように注意していたと、いまから三十年ほど前、副官のフォービオン・バワーズ少佐が僕にそう教えてくれた。バワーズは歌舞伎など日本文化に造詣が深くて根っからの軍人でないのでポロっと洩らすのである。

　GHQはジェネラル・ヘッドクォーターズ、日本語では連合国軍総司令部、マッカーサーはそのトップで連合国軍最高司令官である。

マッカーサーが連合国軍最高司令官として、皇居の真向かいにある第一生命ビルを総司令部としたのは、咄嗟の判断ではなく計算のうえであった。皇居を睥睨(へいげい)する位置に星条旗が翩翻(へんぽん)とひるがえらなければいけない。新しい指導者は天皇でなくマッカーサーであることを見せつける必要があった。お濠端(ほりばた)を自動車でひとまわりして「ここだ」と自ら決めた。七階建ての第一生命ビルは花崗岩の堂々たる柱が並び、壁はイタリア産の大理石で覆われている。

　ところがその六階のマッカーサーの部屋は、濠に囲まれた皇居をつつむ広大な素晴らしい緑地が見える窓際ではなかった。薄暗い内廊下の突き当たりにある、倉庫に使われていた十六坪（五十平方メートル余）の小部屋だった。奥の院に御座(おわ)すのだ。

入口に一畳ほどの控室があり、来訪者はたった四つしかない椅子に坐り、待機させられた。部屋には電話もタイプライターもなく、飾りつけのない事務机の上には紙切れ一枚も見られなかった。擦りきれた緑色のレザーの椅子に坐って、書きものをするときはペンで筆記をする。訪問者が来れば、いそいで椅子から立ち上がり強く握手し、まばたきせず相手の眼を見つめ、こころから発する個性的な歓迎の言葉を述べた。そしてしばしば思考の流れに調子を合わせるように部屋のなかを歩き回った。

マッカーサーは懇意の訪問客を相手に、対話をしながら自分の考えを深めていく習慣があった。そしてよくはたらいた。土曜日も日曜日も関係なく、毎日はたらいた。午前十一時ころに執務室に到着し、二、三時間はたらくと宿舎のアメリカ大使館公邸に戻り昼食をとった。軽い昼寝をすると午後五時にまた出勤し八時を回るころに帰宅する。

総司令部の下に日本政府があり、ＧＨＱ覚書というかたちで命令を下した。間接統治である。総司令部は一元的に日本の占領統治に関わる権限を発揮したが、タテマエとして連合国のアメリカ、イギリス連邦、ソビエト・ロシア、中華民国の四カ国で構成される対日理事会の助言や意見を尊重するはずだった。

対日理事会の議長はマッカーサーだが、徹底的に対日理事会を無視した。ただ一度しか出席しなかった。代理として議長をつとめたのが総司令部外交局長のウィリアム・シーボルトである。

シーボルトは昭和天皇と同い歳の四十七歳で、中肉中背で端整な面立(おもだ)ちの紳士、ちょっとした日本通であった。アナポリスの海軍兵学校を卒業してアメリカ海軍に入り、二十四歳で来日して一年目で神戸で開業している英国人弁護士の美人娘と結婚した。娘の母親は日本人、つまりハーフということになるが、一目惚れである。その後、帰国してロースクールに入り弁護士資格を取った。再度、来日して外交次長、ついで局長の任についている。

占領期間が三年過ぎた。昭和二十三年（一九四八年）十二月二十一日、戦争に日本が負けてから三年経ったということだ。

昼を回ったころ、ひとりの外交官がこわばった表情でその部屋を後にした。

マッカーサーの部屋を辞する際、シーボルトは言った。

「元帥、これから先はわたしの判断でやっていいのですか」

「もちろん君の判断だ。君の自由裁量でやりたまえ」

マッカーサーは腰にあてていた手をシーボルトの肩に置き、いたわるように言った。

「ビル、これはまことにきつい任務だね」

シーボルトは、マッカーサーから対日理事会の代表（アメリカを除く、イギリス連邦、ソビエト・ロシア、中華民国）に宛てた死刑の公式立会人の出席要請書を託された。

アポイントは秘密裏にとることにした。

翌十二月二十三日の朝、対日理事会の定例会議が開かれたが、死刑執行についての話題は避けた。午後五時から六時までの間、腕時計を見ては時刻を気にしながら個別に三カ国それぞれの公邸を順に訪ねた。

最初に愉快でいつも協力的なパット・ショウ（イギリス連邦の代表、オーストラリア人）に会った。書簡を拡げてしばらく黙していたが、やっとのみこめたという様子で頬を紅潮させ「スコッチを飲みましょう」と言った。

でっぷりと太っていて軍服がはちきれんばかりのソビエト・ロシアのデレビヤンコ将軍は、ロシア語しか話さない。必ず通訳を同行させるが、あっさりと一人で行くことに同意した。

いつも討論では沈黙していて無感動な表情でいる中華民国の商震（しょうしん）将軍は、少し血の気が引いた唇で「服装はどうしたらよいのか」と訊ねたので「軍服のままでよいと思います」とシーボルトは答えながら、以前から予定されていた立食パーティがこのあとにあり、出席するのが億劫になった。

立食パーティの人込みのなかで上の空だった。もうすぐ死刑がはじまる。「まことにきつい任務」が待っている。雑談に加わる気持ちになれない。この場をどのタイミングで抜け出し、家に戻って着替えてから出発して、と段取りばかりを反芻した。妻が疲れたというので腕時計を見ると午後十時、そっと退席した。

五反田のシーボルトの家にセダンが二台、武装した憲兵を乗せたジープが一台、迎えにきている。パット・ショウ、デレビヤンコ、商震もつぎつぎにシーボルトの自宅前に到着した。

互いにささやくように挨拶して二台のセダンに分乗した。ジープが護送する。凍てついた夜だった。タイヤがときどき霜を踏みバリバリと音をたてた。重大な出来事がすぐあとに控えている。いま秘密裏に進行している出来事に対して、万が一、日本人による妨害工作が起きないともかぎらないのだ。街路に人影はなく、雲がたれて星もまたたかない深夜の戦災で煤けた東京を、人知れず疾走した。

死刑執行まであと三十分に迫っている。シーボルトは行く手にそびえる建物、巣鴨プリズンを「夜のなかにみにくい、うずくまったような姿で立っていた」と記憶している。巣鴨プリズンに到着したのは、午後十一時三十分をちょっと過ぎたころであった。

すでに準備は整えられていた。午後七時、幌付きトラックがジープに護られて巣鴨の門をくぐっている。絞首刑のあと、死体を運び出すために用意された。

絞首刑は七人である。極東国際軍事裁判のA級戦犯二十八人の被告のうち死刑を宣告されたのは、東條英機（大将、元首相）はじめ、土肥原(どいはら)賢二（大将）、松井石根(いわね)（大将）、武藤章（中将）、板垣征四郎（大将）、広田弘毅(こうき)（元首相）、木村兵太郎（大将）だった。文官は広田弘毅のみ、東條以下はすべて陸軍軍人だった。海軍出身者には終身刑はいても死刑は一人もいない。

巣鴨プリズンには六つの棟があり、十一月十二日に判決が下されると死刑囚は第一棟に収容された。一つの棟には五十以上の独房があったが、第一棟には三階の一部に七人の死刑囚を収容し、残りすべてを空室にした。七人の独房を監視するために八名の監視隊が組まれ、別に将校一名、衛生下士官一名がいた。死刑囚は十五分ごとに呼吸と脈をチェックされた。百ワットの電灯が昼夜照らしつけ監視を助けた。三階の七つの窓の明かりだけが異様に夜空に浮かび上がっている。

七人の死刑囚のうちまず土肥原大将、松井大将、東條大将、武藤中将の順に四人が独房から出された。四人は一列になり第一棟の一階まで階段を降りた。独房からチャペルと呼ばれる一階にしつらえられた急ごしらえの部屋に入ったのが午後十一時四十分である。死刑囚に最後の祈りを司る教誨師が数珠を手に待っていた。五十歳の花山信勝は浄土真宗本願寺派の僧侶で、仏壇に焼香の準備を整えてから、葡萄酒と水を入れた二種類のコップを七人分用意して迎え入れた。丸縁の眼鏡をかけ細い顎で微笑むと人の好い善良な面がにじみ出る人物だった。

花山はそのときの四人の姿をこう述懐している。

「両手には手錠がかけられ、さらにその手錠は褌（ふんどし）バンドで股に引っかけられていた。きわめて不自由な姿である。着物はいつも着ていられた米軍の（カーキ色）作業衣であった。しかしシャツは見えた。クツは編み上げの日本クツであった。係官から時間が七分しかないといわれたので、取りあえず仏前のロウソクで線香に火をつけて、一本ずつ手渡し、わたしが香爐（こうろ）を下げて手もとに近づけて立てていただき、それから仏前に重ねておいた奉書に署名をしてもらった。不自由な手ながら、インクを含ませた筆をとって、土肥原さんから順に筆を揮った。それからコップに一ぱいのブドウ酒を口につけてあげて飲んでもらう。さらにコップの水をわたしが少しずつ飲んでは、みなさんに飲んでいただいた」

あと七分。米兵に花山教誨師がそう言われたのは、チャペルに入って十分後、すなわち十一時五十分である。

立会人をつとめるシーボルトら四人は巣鴨プリズンの入口に近い本館にいた。シーボルトには南向きの本館は「欧州の刑務所をまねてつくった、絶望の建築物」に感じられたが囚人棟と違って電灯は明るく暖房はよく利いていた。

刑場は巣鴨プリズンの北西の隅にあった。高さ五・五メートルの分厚いコンクリートの塀にへばりついて建っている。無機質な塀のすぐ外側には酒が飲める米軍の将校クラブや下士官集会所があり、映画や楽団の演奏のための劇場があった。彼らは深夜まで飲み、踊り狂った。分厚い塀で隔てられていても、内と外がこれほどに違い、天国と地獄が背中合わせということは稀(まれ)であろう。

シーボルトら四人が寒気につつまれた戸外へと出たのは十一時五十分である。本館から北西の刑場までの距離は二百メートル、暗闇のなかを一列縦隊になって無言で歩いた。

刑場の扉が開き、明るい部屋に入った。刑場はこの日のために新設されたのであり、大道具係のつくったばかりの映画のセットに似ていた。壁に沿って高座に案内された。そこに立つと、四本の綱が垂れている長い木製の壇と向かい合うかたちになるのだ。綱の末端は環の形になっている。壇には、十三の階段がついていた。

高座に立ったまま死刑の執行をこれから見守るのだ、と思ったそのとき、十一時五十六分、暗い闇の向こうのチャペルから、叫び声が聞こえた。

チャペルでは花山教誨師が、ではみなさん、と口ごもる声で経を唱えていた四人に声をかけ、出発のときを告げている。最後の万歳三唱は最年長の七十歳の松井大将が音頭をとることになり「大日本帝国万歳！ 天皇陛下万歳！」と四人合わせての大声だった。

十一時五十七分、念仏を唱える花山教誨師を先頭に死刑囚は枯れ葉の舞う運動場を横切った。チャペルから刑場までの距離は八十メートル。花山教誨師が付き添ったのは刑場の入口までである。

死刑執行室に入って来る戦争犯罪人の姿をシーボルトは見つめた。将校が一人先導し、それぞれに二人の米兵が両腕を押さえている。室内ではアメリカ軍の牧師が付き添った。牧師は低い声で祈り、死刑囚は小声で念仏をつぶやいている。ひとりひとりの名前が確認された。

「まっすぐに我われ（シーボルトら）のまえ数歩のところまで進んできた。彼らは、肩章をとった米陸軍の病院服のようなものを着ていた。それは全く不恰好な姿だった。そのために彼らはみんな老人に見えた。そして、いかにも孤独で、哀れっぽく、悲劇的な様子だった。足をひきずるようにして歩き、わたしの前を通り過ぎるとき、顔はそれぞれ、うつろに凝視しているかのようだった」

時計の針は午後十一時五十九分を指している。十三階段の前に立った。日付が変わった。昭和二十三年十二月二十三日午前零時。絞首台に昇る階段のいちばん下で手錠がはずされ、直立不動の姿勢で腕を脇につけたかたちで幅の広い革紐で縛られた。階段を昇って壇の上にあがった。四つの落とし戸の上にそれぞれが位置取りをしたところで、ひとりひとりの氏名の再確認が行われた。立会人は彼らを正面から見つめ、視線をそらしてはならない。それが仕事である。

零時一分。黒い頭巾が頭にかぶせられると足首が革紐で縛られ、首に縄がかけられた。死刑執行官が、死刑執行の準備完了、と報告した。あとは号令をかけるだけだ。

零時一分三十秒。始め！　執行責任者の憲兵司令官が叫んだ。

「落とし戸が、ライフルの一斉射撃のような音をたてて、同時にはね反った」とき、シーボルトは「巨大な権力と影響力をふるったこれらの人びとが、以前の敵に取り巻かれ、秘かに、ただ一人で死んでいったのだ」と、死という事実と死に方と、ふたつが渾然となって整理がつかなかった。

東條英機ら四人の死亡はすぐに医師により確認された。土肥原は零時八分三十秒、東條は零時十分三十秒、武藤は零時十一分三十秒、松井は零時十三分。つづいて板垣大将、広田元首相、木村大将の三人の絞首刑が零時二十分に執行された。

絞首刑の時刻が気になる。ストップウォッチを手に、タイムテーブルにのっとってなぜこれほど正確に、すなわち十二月二十三日零時一分三十秒に執行されねばならなかったのだろうか。念入りに予行演習をしなければできない作業である。

第一章　子爵夫人

前文お許しください。ご相談があります。

わたしは、先生のお住まいの西麻布に比較的近い、南青山におります。

表参道から根津美術館へ向かう道筋で、一度、お姿を拝したことがあります。

長いこと、お手紙を差し上げたく存じていたのですけれど、そうこうしているうちに幾歳も幾歳も過ぎ去り、優柔不断さにあきれかえっているのです。わたしは三十九歳、今年中にひと区切りさせておかなければいつまでも……、なにも過去を清算するというような大袈裟なことではありませんが、衝動的に、息せき切って筆を執るしだいです。祖母の日記のことです。むかしの出来事についてです。謎をかかえたままでいると、わたし自身の行き詰まりにつながりそうで。

表参道の同潤会の建物は枯れた銀杏（いちょう）の葉のような色でしたね。青山アパートメントと呼ばれていた三階建ての低層のビルですが、つくられたのは関東大震災の後で、十棟も並んでいるのは壮観だったようです。数年前に安藤忠雄さんの設計で表参道ヒルズに生まれ変わりました。蔦(つた)の葉で覆われていた壁面も、いまはガラスが光を反射しています。

　祖母の家も同じぐらい、歴史があります。もう、ずっと誰も住んではいません。とうとう壊すことになりました。

　都心なのにちょっとした雑木林のなかの洋館で、もう幼いころの想い出しかありませんが、子供専用の家具をしつらえた子供室があったのです。角のない丸テーブル、転んでもケガをしない厚めの絨毯が敷かれていました。

　あのバブルで世情が浮足だつ少し前、わたしはティーンエイジャーでしたが、いきさつはよくわかりません。急に人手にわたることになり、なつかしい家を出ました。その後、誰の手に委ねられたのか、所有権が転々としたみたいでした。マンション建設に抗議する付近の住民の反対運動があったとも聞きました。

　結局、表参道のように低層階のマンションにするらしい、そう折り合いがついたということで、数年前に建設会社の人がわたしを訪ねて参りました。わたしになにか権利があるわけではないのですが、手に臙脂(えんじ)色の本を何冊もたずさえていました。

　その四十五歳ぐらいのメガネの人が、建設会社の人とピンと来たのは、作業ジャンパーにネクタイをしていたからです。人のよさそうな困惑した顔で、壁の隙間に落ちていてなにか大切なものではないかと思いまして、とごしんせつにわざわざ届けてくれたのです。そっとめくってみたのでしょうね。日記だとわかって、あわてて閉じたのではないでしょうか。

わたしが銀座の伊東屋で買うのは、カラフルなクオバディスの日記帳ですが、臙脂色の重たいその日記帳には金色の文字で「博文館当用日記」というタイトルがついています。昭和二十年とか二十三年と印刷されています。

祖母の日記ではないか、と思いました。

パラパラとめくってみました。一ページ、一ページとめくれない。何ページもくっついていたり、水に滲んだ跡もあり、字も流れるようなペン字で、女性の字ですがむずかしくて読みづらい。最後のところが（昭和二十三年）十二月七日で終っている。

「ジミーの誕生日の件、心配です」

年末までの残りの三週間あまり、空白のまま。ジミーって誰？

祖母はなにを心配していたのでしょうか。

わたしの相談ごとは以上です。

かしこ

この手紙が届いたのは梅雨が明け猛暑へと移る季節の変わり目だった。

僕の仕事場の住所やメールのアドレスはすぐにわかるので、未知の読者からの便りは少なくない。

読者のていねいな感想文もあれば、自費出版した本を読んでほしいという要請、役所の内部告発もあれば地方のイベントの知らせもある。勝手なお願いから言いがかりまで、きりがない。なかに興味深い内容のものもときどき混じっている。この一通は磨けば光る原石のようなもの、かもしれない、と思った。謎があればこころ穏やかならず、すぐにそのとりこになる僕の貪婪(どんらん)な探究欲がまたもや首をもたげた。

幾度かの手紙のやりとりから、日記にアメリカ人の名前が頻繁に出てくること、日記の持ち主が上流階級出身であることなどが窺える。昭和二十年から昭和二十三年といえば敗戦とアメリカ軍が進駐していた時代、焼跡闇市の時代、新憲法がつくられたりした激動の時期である。

「お会いしてみたい。日記を見せていただけますか。そうすれば謎解きに協力できるかもしれません」

これ以上、先に進むには実物を拝見するよりない。

ケヤキ並木の表参道と青山通りが交叉している十字路の下には、地下鉄銀座線と地下鉄千代田線と地下鉄半蔵門線の三路線が乗り入れている駅がある。

Ａ４番とＡ５番の出口の階段を昇ると片側二車線、上下四車線の表参道とは反対側の狭い道に出る。片側一車線ずつしかない。歩道にはケヤキではなくアカシアが植えられている。北原白秋が作詩した「この道はいつか来た道」にも「アカシヤの花が咲いてる」のだが、白い花をつけるのは夏である。

真昼の日光がアカシアの並木の影をアスファルトに圧しつけ、リズミカルな縞模様ができている。遠近法で描かれた風景画のもっとも遠い中心の部分に、根津美術館の森がかすかに見えるはずだが、狭い道路はわずかにカーブして隠れている。

六百メートルほどの間に、コムデギャルソン、プラダ、カルティエ、ヨックモック、ヨージヤマモト、フロムファースト。カタカナだらけのショーウィンドーを過ぎ、根津美術館の前を左折すると青山墓地が望める。

手紙の主が教えてくれた住所は「南青山第一マンションズ」だった。Ａ５番の出口がそのまま吸い込まれていきそうな十二階建ての大きなマンションである。隣に小さな稲荷の祠があって、赤い涎掛けをかけた白い狐が二匹坐り、緑の葉陰から虚空を睨んでいる。「寺内貫太郎一家」「阿修羅のごとく」などのテレビドラマの脚本やエッセイの「父の詫び状」、小説「思い出トランプ」でいまでも固定ファンが多い向田邦子が住んでいた。コムデギャルソンに向かい合っている間口一軒の稲荷について、小さいのに大松、と不思議に思いながら無病息災を祈っていた、と向田邦子は書いている。

近くのコーヒーショップで待ち合わせよう。紺色のタイルがきれいで中庭のハナミズキの木が涼しげなヨックモックでもよいし、フロムファーストの一階のガラス張りのレストランでもよい。

いま僕の前に坐っている女性は、派手な身なりではない。色彩がほどよいのは素材が上質だからだ。あわてずゆったりとした話し方、瞳が安定して相手の出方をうかがう警戒心が見られない。媚びることもない。機智をことさらひけらかすわけでもない。洗練とか優雅とか、結局、そういうものは一代では備わらないのだ。遠い過去が保証してくれているように思われる。

「そうすると、お祖母さまは子爵夫人ということになりますね」

古い写真を一枚、持参していただいた。昭和二十一年ごろ、年齢は三十二、三歳。瓜実(うりざね)顔(がお)で古風な人形のように整って美しく、胸元が大きく開いた洋装とうまく調和している。

写真を眺めつつ話の成り行きから、糸口を見つけなければいけない。

戦前にはヨーロッパにならって貴族階級が一定の役割をはたしていた。皇族はもちろんのこと、その下に公爵、侯爵、伯爵、子爵、男爵という順だが、大名であったり、公家であったり、明治維新で活躍した功績で下級武士だった者も、爵位を得た。国会には衆議院のほかに参議院にあたる貴族院があった。

子爵であった祖父についての記憶はない、という。昭和二十四年、脳溢血で急死した。日記は、たまたま昭和二十三年までつけていたのか、祖父の死によって中断されたのか。そのあたりはわからない。昭和二十三年十二月七日で途切れている。祖母、すなわち子爵夫人は当時、三十代の女盛りだった。

「立ち入ったことをお訊ねしますが、いまご家族は？」

「父は平成二年（一九九〇年）に五十七歳で亡くなりました」

「お父上はそうすると、昭和八年（一九三三年）生まれですか」

「ええ。天皇陛下の皇太子さま時代に、学習院で同級生というか、ご学友なんです」

「ご学友？」

「詳しいことは知りません。わたしが生まれる前のことですから」

立ち入った質問は、別にあったが、止めた。あなたはどんな仕事をしているのですか。結婚をしているのですか。しかしそんな質問は失礼だし、必然性がない。

日記を預かることにした。少し読み進めてのち、なにかヒントが出てきたら連絡すると約束して別れた。

日記が「ジミーの誕生日が心配です」と記したまま空白になっているが、息子が「ご学友」であれば、ひょっとしたら「ジミー」は現在の天皇明仁（あきひと）、当時の皇太子明仁を指している可能性が高いのではないか。

ジミーという呼び名は、連合国軍による日本占領後、学習院に赴任したアメリカ婦人の英語教師エリザベス・バイニング夫人が、英語の授業をはじめるにあたり同級生の全員にニックネームをつけたとき「あなたはジミー」と言ったからだ。

僕はバイニング夫人が書いた『皇太子の窓』という本を以前読んでいる。

バイニング夫人が英語教師として赴任した際、皇太子明仁は学習院中等科の一年生、まだ十二歳だった。日本語の太郎、次郎と同じで、アルファベット順にアダム、ビリー、チャールズ……、とニックネームをつけた。「今日からジミー」と呼ばれた皇太子明仁は「ノー、アイアム・クウランプリンス」と即座に答えた。

バイニング夫人は、「そうです。あなたはプリンス・アキヒトです」と、同意して言った。どんな反応をするかと注視しながら、決然と強い調子でつづけた。同級生も、固唾（かたず）をのんだ。

「それがあなたのほんとうの名前です。けれどもこのクラスでは英語の名前がつくことになっているのです。このクラスではあなたの名前はジミーです」と言い切り、皇太子明仁は照れながら微笑んだ。生徒たちも一瞬にしてほぐれた。

誰でも外国人の名前を正確に発音することはむずかしい。でたらめな発音をすると生徒に嘲弄され、教師としての権威がそこなわれる。そこまで考えて、バイニング夫人はアルファベット順の英語の名前を採用したのである。

ジミーについては、どうやら納得できるとしても、誕生日の件とはなにか。十二月七日で日記が途切れているのは、なにかわけがあったからなのか。社会的に客観的な事実が背後にあれば、その方面から調べることはできる。もう少し考えてみたい。

皇太子明仁にまつわる当時の状況について、まず手持ちの資料を読み込むことにした。さいわい天皇家に関する蔵書は、『天皇の影法師』や『ミカドの肖像』の著者としての関わりで、その都度、書店で新しいものが発売になれば購入していたから、まあまあ揃っている。雑誌の切り抜きファイルも、少し埃にまみれてはいるが、昭和二十年代のものもかなり蒐集していた。これらは仮寓としている西麻布二丁目の三階建ての書斎ビルの吹き抜けの書棚に入りきれず、裏に連ねたスチールの物置群にしまい込んである。

禅寺・大安寺の樹齢百年ほどのでっぷりとした銀杏が、その大枝でコンクリート打ち放しの僕の仕事場を覆い尽くしている。木陰は気分をやわらげる。

このあたりは江戸の周縁で寺社地が多かった。明治政府が青山墓地をつくったのもうなずける。裏の大安寺、さらにその隣に慈眼院と二つの禅寺があり、路地裏を骨董通り方面へ向かって百メートルも歩けば、地図の上では少し離れているがこれが案外に近道で曹洞宗本山・永平寺の東京別院・長谷寺の正面入口ではなく脇の寺務所の門に行き着く。いずれも永平寺系だから三つの寺はもともと地続きだったのだろう。

長谷寺には檜造りの本堂や雲水が座禅をする専門僧堂があり、また高さが三丈三尺（約十メートル）の一木彫の麻布大観音もある。観音堂は夕方になるまで開いていて、通りかかれば必ず覗くのだが、その都度、大観音に見下ろされている感じがして敬虔でもないのに思わず頭を垂れるのだ。長谷寺は江戸開府以来の敷地を、周囲のビル群に侵蝕されながらなんとか持ちこたえている大名屋敷のひとつぐらいに思えばよい。

墓地を散策すると「喜劇王エノケン」と彫られた榎本健一の墓石があったり、日航機事故で不運に見舞われた歌手の坂本九（本名、大島九）の「上を向いて歩こう、一九六四年ゴールデンレコード大賞、世界中の人々に愛された」と記された墓石があったりで、そっと手を合わせて通り抜ける。仕事場の裏のひっそりとした禅寺も、大伽藍の長谷寺も、B

29による東京大空襲で灰燼（かいじん）に帰している。
自分は寺院の一隅にいるのだなと思い、ひんやりとした書庫のなか、林に囲まれて枯れ葉のうえに胡坐（あぐら）をかく気分で、日記を読みはじめた。

残存する日記の一冊目に、いきなり空襲のシーンが記述されている。「ジミーの誕生日の件」と記された昭和二十三年十二月七日という日記の日付から、三年ほど前まで時間を遡らなければいけない。

昭和二十年、一九四五年が終戦の年である。

日付は昭和二十三年三月十日。これから先の自分の人生、どうなるのかわからない、そんな未来への不安に加え、この世の光景とは思えない夜間の空襲に巡り合った昂奮が、三十代の子爵夫人に思わずペンをとらせたのではないか。

「夜空にサーチライトが何本も交叉して巨大な爆撃機のＢ29を獲物を探すように照らしている。Ｂ29は低空飛行でつぎつぎと現れ、ぎっしりと並んでいる。高射砲の砲弾がつぎつぎと炸裂する。その隙間をズーンとお腹にしみるような音をたてて、飛んでいる。その幾つかはサーチライトにつかまり、高射砲に狙われて墜落した。弾のあたった機はバラバラになって落ちていく。光の交叉、高射砲弾が炸裂する瞬間の音と光、激しく立ちのぼる煙。

壮絶な美しさ。下町の空が炎々と燃えつづけ、昂奮して一晩中起きていた。夜空を焦がす光は世田谷の我が家の庭で新聞が読めるほどの明るさ」

恐怖で凍てつくぐらいの体験をしながら出来事をひとつひとつていねいに描写し、「壮絶な美しさ」と書いてしまう。なかなか表現力がある。自分の置かれた状況を、自分を含め客観的にとらえることができる、かなり頭のよい人だ。

『堕落論』で知られる無頼派作家の坂口安吾が、終戦直後に書いた小説のなかによく似た文章があったことを憶い出した。たしかわが書棚のどこかに坂口安吾選集があったはず。書庫をごそごそといったりきたりしてようやく見つけた。第三巻のなかに「続戦争と一人の女」という短編があり、その一節と見くらべた。

「照空燈の矢の中にポッカリ浮いた鈍い銀色のＢ29も美しい。カチカチ光る高射砲、そして高射砲の音の中を泳いでくるＢ29の爆音。花火のように空にひらいて落ちてくる焼夷弾、けれども、私には地上の広茫たる劫火だけが全心的な満足を与えてくれるのであった」

坂口安吾は「鈍い銀色のＢ29も美しい」と描写したが、日記はひけをとらない。

Ｂ29による東京への爆撃は昭和十九年の十一月からはじまり、当初は軍需工場をねらっていた。年が明け、昭和二十年になると無差別爆撃に変わった。とくに三月十日の大空襲は下町を中心に東京の東半分のあらかたを火の海にして焼き尽くした。東京の下町を猛火につつんだ三月十日の大空襲の焼死者は十万人、罹災者百万人。ヒロシマの原爆に匹敵する。

アメリカ軍による空襲はこのときに一変した。昼間、地上の高射砲の弾が届かない上空の高度から、目標を狙う爆撃だったが、初めて夜間に低空で潜入して徹底的に燃やしてしまうという、巨大な放火に等しい作戦が実行された。

この作戦を実行したのはカーチス・ルメイという人物で、ドイツの空爆で大きな成果を挙げ、その手柄が評価されていた。一列縦隊の飛行隊形による爆撃を発案したのだ。その方式は〝絨毯(じゅうたん)爆撃〟と呼ばれた。以後、標的めがけて爆弾を落とす、ふつうの空爆の〝精密爆撃〟と区別されるようになった。連合国軍によるノルマンディー上陸作戦が成功してドイツの敗北が必至となると、三十八歳で少将に昇進する異例のスピード出世を果たしたこの男に日本本土空襲作戦の白羽の矢が立つ。

グアムに赴任したルメイ将軍の、葉巻タバコをくわえた下膨れの顔は、成り上がりの若いギャングのボスにありがちな自信にあふれている。すぐにこれまでの作戦の分析と見直しをはかった。

昼間の爆撃は日本上空の強風にあおられ、燃料消費量が増し、編隊もばらばらとなる。ピンポイントで軍需工場を狙ったが確率が低くそれほど損害を与えられず、逆に高射砲で狙われ撃墜されている。

空からの攻撃は一方的に、空襲する側がまったく有利だと思われているが、迎撃機や高射砲に撃墜される可能性も低いわけではない。一月九日の例ではB29の七十二機の編隊で東京郊外の軍需工場に向かったが、爆撃に成功したのは十八機のみで、しかも倉庫一棟を破壊したにすぎず、六機を失っている。

爆撃目標を上から見た場合、雲に覆われていたりして目標を識別しづらい。一月の目視率は三六パーセント、二月は一九パーセントでしかなく、精密爆撃でひとつひとつの標的を狙うより、無差別絨毯爆撃で都市ごと全部燃やしてしまえ、と乱暴かつ合理的な考え方を選ぶのだ。そのためにどうするか。

夜間に超低空で侵入する。そうすれば敵の警戒機による捕捉が遅れる。三月十日の大空襲は、ルメイ将軍が練りに練った作戦だったのである。

三月十日の大空襲では約三百機のB29が襲来した。そのうち撃墜されたのはたった十四機にすぎなかった。きわめて〝効率〟がよかった。空襲する側のアメリカ軍の被害はたしかに少ない。しかし、多数の民間人が犠牲になっても知らないぞ、という大量殺戮を前提にしていた。のちにルメイ将軍はこう言い訳をしている。

「わたしは日本の民間人を殺していたのではない。日本の軍需工業を破壊していたのだ。

日本の都市の家屋はすべてこれ軍需工業だった。スズキ家がボルトを作れば、お隣のコンドウはワッシャを造っているという具合なのだ。ドイツも工場を分散していたが、日本の工業の分散ぶりははるかに徹底したもので、東京や名古屋の木と紙でできた家屋の一軒一軒が、すべてわれわれを攻撃する武器の工場になっていたのである。これをやっつけてなにが悪いことがあろう」

夜空の焼夷弾はなぜ「美しい」のだろうか。単に夜空だからではない、なにか別の理由がなければいけない。以前から気になっていたのでこの機会に調べてみた。

日本の空襲に使われた焼夷弾はM69集束焼夷弾と呼ばれ、石油工業の副産物であるナフサネートと、ヤシ油から作られるパーム油などを配合したゼリー状油脂をガーゼ状の袋にいれ、六角形の金属筒に充塡する。主原料のナフサネートの頭文字とパーム油を足してナパーム弾とも呼ばれる。この金属筒四十八個を束ねたものが大型焼夷弾である。B29一機に、この大型焼夷弾が八十個も搭載されていた。

日本本土攻撃用に開発されたこの焼夷弾は投下されると、時限信管により上空三百メートルで破裂し、四十八個の金属筒がばらまかれる。金属筒には麻のリボンが尾翼がわりに取り付けられており、破裂と同時にリボンに火がついて落下してくるので、まるで夜空に光の雨が降ったように見えるのだ。

金属筒の一本一本が地上に散らばれば、頭部につけられている信管が作動し、ナパーム剤が外にまき散らされ、家屋の壁や天井にくっついて激しく燃えるのである。

三月十日の大空襲の火勢の恐ろしさについて、『東京大空襲・戦災誌』にたくさんの手記が収録されている。ひとつ、八歳の少女の手記を引こう。

「目にはいるすべてのものが赤いサングラスでもかけて物を見るように紅に染まって見えました。背中に子供を背負って走っている人もいました。火の粉は遠慮なく背中の子供に降りかかり、走っている勢いでたちまち火の玉になってしまうのが見えました。大切なものばかりを命がけで持ち出したであろう大きな荷を背負って走っている人がたくさんおりましたが、それらにも容赦なく火の粉は降り落ちてきて、たちまち火の玉にしてしまうのでした」

日本側にも油断があった。「焼夷弾には体当たり消火」という軍部の指導である。火元に向かってバケツの水をかけろ、である。猛火なのだ。焼夷弾にはバケツリレーは通用しない。体当たり消火を実践しようとして死んだ者が多かった。

このあと四月十三日、四月十四日、五月二十五日にも東京は夜間の大空襲に見舞われたが、三回合計の焼死者数は三月十日の十分の一以下だった。三月十日の大空襲と同規模の爆撃だったにもかかわらず。焼死者が減ったのは三月十日の被害体験が口伝えで広まり、バケツによる「焼夷弾の体当たり消火」をやめて、とにかくすぐに逃げろ、そうでないと死んでしまう、とわかったからだ。

「謎が解けたわけではありませんが、お祖母さまが日記をつけはじめた理由がわかりました。近くの岡本太郎記念館のカフェ、いかがでしょうか」

メールを送信した。すぐに、土曜日なら、と返信があり、「あそこのカフェはチーズケーキがおいしいんですよね」と書き添えてあった。

晩年に「芸術は爆発だ！」と叫ぶＣＭで若い人たちにもその存在が知れわたっていた偉大なる全身芸術家・岡本太郎のアトリエ兼住居が岡本太郎記念館である。

岡本太郎は一九九六年に八十四歳で没した。それまで昭和二十八年（一九五三年）から半世紀、彼が生活した場所である。建てたときはおカネに余裕があったわけではない時代で、雨をしのぐ屋根をかけてまわりにそっけない壁があれば充分、と思って友人の建築家に設計施工を頼んだ。オブジェを制作するアトリエは天井が高くなければいけない。友人はル・コルビュジエの弟子で、積み重ねたブロックがむきだしのガランとした空間をつくってくれた。屋根は凸レンズを切った断面のかたちに似たゆるやかな山型である。

根津美術館から南に百五十メートルぐらい、骨董通りから一歩入った路地だから目立つ場所ではない。岡本太郎記念館の住居表示は港区南青山六丁目で、かつては高樹町（たかぎちょう）と呼ばれていた。戦前からの町名である高樹町は消えてしまったが、六本木通りの真上を走る首都高速道路三号線の出口に高樹町ランプとして名前が残っている。首都高速は東京オリンピックのときに間に合わせられたので、少なくともそのときの住居表示は高樹町だったわけである。

西麻布二丁目の長谷寺も僕の仕事場もむかしの住居表示では麻布笄（こうがい）町である。笄は簪（かんざし）と同様に髪に飾る装飾のひとつで、簪は髪挿しの発音がつまったもの、もとは冠をとめたりしたので尖っている。笄は女の髷（まげ）に挿すから細長い鼈甲（べっこう）や象牙が多い。

麻布笄町の六本木寄りの方面、つまり高樹町とは逆の側は麻布霞町と呼ばれていた。

岡本太郎記念館は庭もブロック塀に囲まれている。幹が直立し麻に似た毛で覆われている棕櫚（しゅろ）（椰子の木の一種）が三本、芭蕉の二メートルほどの大きな葉が五枚、六枚と小さな庭を覆って、その隙間から大阪万博の太陽の塔に似たオブジェが見える。ランダムに置かれているそれらは、いずれも人の背丈ほどの作品である。公共施設の美術館のハコモノとは違って全体がこぢんまりとしている。

入口の横のカフェは内部に椅子が十脚ほど、ガラス越しに庭を眺められる。庭に接する外にも四脚置かれている。

「個人の住まいだから、敷地もそれほどではないのですね」

「そうなんです。画家をこころざしていた岡本一平と断髪のモダンガールで女流作家を目指していた岡本かの子というちょっと変わった夫婦がいて、その間に太郎が生まれたんだけど。岡本一平は画家では売れず、漫画家になったら一世を風靡して、おカネに余裕ができた。それで高樹町に一軒家を買った。美術館といってもただの個人の家ですよ」

「漫画家ってそのころからいたのでしょうか」

「正確には絵物語のようなもので、ストーリー漫画の原型ということかな。朝日新聞に連載したものを漫画小説と呼んだりしていたらしい」

岡本太郎は十八歳のとき両親とともにフランスへ渡りパリに住んだ。昭和四年だから、巴里と書いたほうが雰囲気が出るだろう。両親は四年ほどで帰国したが、太郎はその後も巴里にいつづけた。ナチス・ドイツによる空爆が始まり、巴里が陥落する寸前に戦火を逃れてイタリアへ行き、すったもんだして帰国したのは昭和十五年で、翌年に太平洋戦争がはじまり、昭和十七年に三十一歳で徴兵され中国戦線へ送られた。

「私は三十二にもなって、現役初年兵として自分より十も若い者たちと一緒に、過酷極まる訓練を受け、身体中の脂がしぼり取られ肉が落ち、眼ばかりが悲しく光っていた」と記している。

敗戦で捕虜になり、惨めな姿で復員してみると、高樹町の家はアトリエもパリで描いた過去の作品も、すべて焼失していた。

「すっかり岡本太郎の話になってしまいましたね」

「でも、わたしには少しわかります、芸術が爆発だと叫んだ意味。いちばん創作に脂が乗るはずの五年間、戦争にとられて、帰ってきたら、パリで描いた作品のすべてが焼けてしまっていたのですから。取り返しのつかないものに対する、くやしさがマグマになって爆発したのかしら」

「なるほど、それもひとつの解釈だなあ。おもしろい」

このあたり一帯がB29にやられたのは昭和二十年三月十日に下町が焼き尽くされた二カ月後、五月二十五日の大空襲だった。近くの長谷寺が燃えたのも同じ日である。南青山町も高樹町も麻布笄町も麻布霞町もすべて灰燼に帰した。

「お祖母さまの日記を読ませてもらったのだけれど、焼夷弾が夜空に降って来る様子が美しい、と記されています」

僕は焼夷弾の構造を説明した。もっとわかりやすく示すために江戸川乱歩の作品「防空壕」を持参してきた。テーブルのうえに置いてそのページを開いた。

「いたるところに破裂音が轟いた。それが地上の火焔のうなり、群集の叫び声とまじり合って、耳も聾するほどの騒音だった。その騒音の中に、ザーッと、夕立ちが屋根をたたくような異様な音がきこえてきた」

「焼夷弾の中には、油をひたした布きれのようなものがはいっていて、落下の途中で、それが筒から飛び出し、ついている羽根のようなもので、空中をゆっくり落ちてくる。筒だけは矢のように落下するのだが、筒の中にも油が残っているので、地面にぶつかると、その油が散乱して、一面火の海となるのだ」

「刻々に、あたりは焦熱地獄の様相を帯びてきた。東京中が巨大な焔に包まれ、黒雲のような煙が地上の焔に赤く縁どられて、恐ろしい速度で空を流れ、ヒューッと音を立てて、嵐のような風が吹きつけてきた。向こうには黒と赤との煙の渦が、竜巻きとなって中天にまき上がり、屋根瓦は飛び、無数のトタン板が、銀紙のように空に舞い狂った」

江戸川乱歩は探偵小説を書いていた。探偵の明智小五郎が「怪人二十面相」を追い詰める舞台は古びた洋館だったりしたが、その舞台のすべてが消えてしまう、とんでもない出来事だった。

　火が赤い雨のように降る。花火の仕掛けに似ている。だが、花火は一瞬で消える。焼夷弾は油を撒きながら地上を火の海にする。

日記にあった「壮絶な美しさ」は、「世田谷の我が家」から眺めたもので、燃えつづけているのは下町だった。しかし、五月二十五日の空襲は山の手を襲った。岡本太郎のアトリエも燃えたが、世田谷区も燃えた。

「三月十日の大空襲は、子爵夫人にとっては、世田谷区からは距離があったので眺める余裕があったのでしょう。でも、五月二十五日の場合は、人ごとではなかった。日記のこの部分です」

「ええと。飛行機の爆音の中から、ガラガラという音が聞こえてきた……」

「そうそう。焼夷弾は落ちて来る音がそんなふうに聞こえるみたいだなあ。それから油が飛び散る」

岡本太郎記念館の庭には太陽の塔に似た小振りな金色のオブジェが四方八方に角を突き出している。鈍い黒色のオブジェ、純白のオブジェ、いずれも角を突き出している。岡本太郎が太陽の塔の構想を練っていた同時期にメキシコのホテルに縦五・五メートル、横三十メートルの巨大な壁画の下絵を描いた。「明日の神話」と名付けられた壁画は超高層ホテルのロビーに飾られる予定がホテルは開業に到らず放置されていた。約四十年振りに里帰りして一日三十万人が行き交う渋谷マークシティ二階の連絡通路の壁面に取り付けられた。原爆を描いたとされるこの大壁画は、真赤な炎が砕ける骸骨をつつみながら縦横に走っている。ピカソの「ゲルニカ」を超えようとする強い意識を感じる、と評価されているのだ。

閑暇をもてあました年配者や、中ぶらりんな若いカップルが代わる代わるオブジェの前で写真を撮っている。この一帯が焦土であった面影は作品の群れを除けば微塵も感じられない。根津美術館の森や青山墓地の木々までを滅ぼすにいたらなかったのは、わずかな慰めである。

子爵夫人の日記には、焼夷弾が低空で爆発して油を撒き散らし、衣服に飛び移る恐ろしい光景が描かれている。

「空襲警報がなった。夜だった。大事な衣類と書類、缶詰に至るまで、十個ほどのスーツケースや柳行李につめた。いざ危ないときにはそれをみんな芝生に放り出すことにしていた。もし家が焼けてもどれかは残る。空襲警報と同時に荷物を芝生に放り出し、ベランダで親子三人で立って空を見上げた。飛行機の爆音の中から、ガラガラという音が聞こえてきた。息子の手を引き一目散に庭の隅の植木屋に掘らせた壕をめがけて走った。三人が駈け込むと同時に、バラバラと焼夷弾が落ちて来た。間一髪だった。二、三十発もあっただろうか。それが荷物の上に落ち油がベタベタと荷物に着いてチョロチョロ燃えている。無我夢中で、足でその炎を消して歩いた。見ると主人も息子もやっている。わたしのズボンに焼夷弾の油がつき、ちりちりと燃えて来た。それをみた主人はわたしにタックルして火のない芝生にすっころがし、ごろごろ転がして消してくれた。夜露と土とで火は消えた。上半身はレザーコートを着ていたので何んともなかったが、脛に少し火傷した。台所に行って、とっておきのバターを塗った。惜しかった。息子が心配そうに見ていた」

芝生をゴロゴロ転がった、まるで映画のシーンのようだ。

世田谷あたりは人家が疎らなのでたまたま焼夷弾は命中しなかったし、運よく類焼を免れた。しかし、隣の邸宅はそうはいかなかった。

「やれやれと思っていると東條英機宅の近くに住む鍋島子爵の若奥様が、もんぺに防空頭巾、顔はすすけて真黒けのまま、リヤカーに荷物を積んで逃げてみえた。敵は東條さんの家があまりに小さい日本家屋なので、その傍の大きな英国式の洋館と日本館の、鍋島子爵邸を爆撃したのかもしれない。三百発からの焼夷弾が落ちたということだった」

二人で日記とにらめっこしていると、骨董通りを救急車がサイレンを鳴らして走り去りはたと腕時計を見ると、思いのほか時間が過ぎている。

「そろそろ出ましょう」

立ち上がりながら、訊ね忘れていることに気づいた。

「ところで世田谷の家はどのくらいの広さでしたか」

「さあ。どのくらいでしょう。ここよりは大きいのですが、土地の面積というものはあまり意識したことがありませんでしたから……」

「土地の大きさを体感しながらはかる方法があるんです」

カフェを出ると岡本太郎記念館の前を、塀のうえを歩く仕種で、平均台から落ちないように腰を振るかっこうで側溝に沿って歩いて見せた。側溝のフタの枚数を数えればよい。

「いいですか。この側溝のフタ、六十センチなんです。歩幅と同じなんだ」

岡本太郎記念館は側溝のフタが横に四十枚、奥行きで三十五枚。一枚六十センチなので横が二十四メートル、縦が二十一メートル。掛け合わせると敷地は約五百平方メートル(百六十坪強)ぐらい。

「どうですか。偉大なる芸術家は、それほどお金持ちではなかったんですよ。世田谷の敷地は、いまの歩数でみるとどんな印象ですか」

「そうですね。一辺が百歩ぐらいかしら。子供の歩幅だから五十メートルということになりますね」

「そうすると二千五百平方メートル。七百〜八百坪ぐらいかな」

「わたしが生まれたときは周辺がどこも住宅街になっていたので知りませんが、父から聞いた記憶では、鍋島子爵のお屋敷はその十倍もあったそうです。わたしの家のほうは、かなりむかし、よその方の事業の失敗のつけを払うことになり広大な家屋敷を売却してから深沢に移り住んだので鍋島子爵邸のような目立つほどの屋敷ではありませんでした」

東條英機は、東京大空襲のときには政界を引退していた。昭和十九年（一九四四年）七月十八日に総辞職している。昭和十六年十月十八日、日米開戦の二カ月前に総理大臣となったので在任期間は二年九カ月だった。その後、小磯国昭内閣が昭和二十年四月五日まで九カ月、鈴木貫太郎内閣が四月から終戦の八月十五日まで四カ月と短期政権がつづくことになる。

東條は、当時の深沢町四丁目と接する玉川用賀一丁目に住んでいた。官吏の生活は基本的には質素で、権力を握っていたからといって豪邸に住んでいたわけではない。謹厳実直タイプの東條は、狭い道路の前に建つありふれた地味な平屋の文化住宅にいた。それでも一部は洋風の外観をとりいれて応接間があり、全体は和風のつくりで隣家の畑が境界いっぱいに耕作されていた。

東條の家の話が日記に登場したので、別れ際に、大事なことを言い忘れたような気がして振り返って言った。

「東條英機は昭和十九年七月に総辞職して、総理大臣も参謀総長も辞めて自宅に引っ込んでいるのにもかかわらず日本は戦争を止めなかった。東條が辞めてから一年経っても戦争が終らない、ある意味ではとても不思議なことなんですよ。日記の解読が進んだらまた連絡します」

骨董通りを青山通りへと向かって歩く彼女の後ろ姿を見やりながら、あらためてこの一帯が廃墟だとしたら、とその光景を想像していた。岡本太郎の無念さはいかばかりであったろう。

東京大空襲は庶民からも上流階級からも日常生活を奪っていく。ものをつくる工場からも日用品を売る商店からも、明日の仕事を奪っていく。住む家がなければ疎開するしかない。命を危険に晒さないためには都市でない山間地へ疎開するしかない。

皇太子明仁は栃木県の日光へ疎開していた。日光滞在中の皇太子明仁は昭和天皇に手紙を書いた。林間学校で学んでいる小学生がめずらしい鳥や虫や花について両親に手紙をしたためるように。

昭和天皇の返信は三月六日付で、三月十日の大空襲より少し前に書かれたものが残っている。

空襲見舞ありがたう　戦争は困難ではあるが　最善の努力と神力によつて時局をきりぬけやうと思つて居る　祈念に対しては　ありがたく思つて居る
私は丈夫で居るから安心してほしい　今日もおたたさま（皇后）と一所（ママ）に庭を散歩して
B29関係の色々の品がとれた
寒のをり　よく勉強して心体を大切になさい

すでに記したがB29はしばしば撃墜されている。夜間の空襲に切り替えてからは警戒機に迎撃される確率は急激に下がった。それでも万全ではない。撃ち落とされた「B29関係の色々の品」は、たまに「とれた」のである。

ここではたと考えてみる。B29にとって皇居はきわめて大きな標的である。東條英機の家が小さくて焼夷弾が命中しないなら、昭和天皇のいる濠に囲まれた宮殿を狙えば……。

五月二十五日の大空襲で宮殿が燃えた。皇居内には一発の焼夷弾も落ちなかったが、皇居の外周、ことに南側の霞が関や三宅坂一帯の火炎が夜の更けるにしたがってますます猛威をふるった。紅蓮（ぐれん）の焔が猛烈な強風を引き起こし、上昇気流で分厚い板や柱がフライパンのうえを飛び跳ねるように舞い、ときにはグライダーのように滑降しまた上昇する凄まじさである。熱風は濠を越えて森を抜け宮殿に届いた。

明治二十一年に完成した宮殿は二百メートル四方の総檜づくりの平屋の建物である。「檜」という漢字は摩擦で火を起こす、火の木という意味が由来と言われるぐらい、乾燥すると燃えやすい。熱風が火の吹雪を運んで入母屋づくりの正殿の廂（ひさし）の一角にとりついた。宮内省総務課長の筧（かけい）素彦のメモには、「あたかも電光の如くに火の線となって左右に走り、一せいに燃え上がって次々と延焼するさまはたとえようもない物凄さ」と記されている。

昭和天皇の母君にあたる貞明皇太后の住む大宮御所、昭和天皇のすぐ下の弟の秩父宮、末弟の三笠宮、それぞれの邸宅も燃えた。昭和天皇はお文庫と呼ばれるコンクリートの建物で生活していたので、直接の被害は受けていない。

焼夷弾が落とされず、燃えるはずがない皇居が燃えた。しかし、依然として標的とされていない。

大空襲は東京にかぎらなかった。名古屋も大阪も焼夷弾で燃えた。地方の中核となる都市もまた焼夷弾で燃えた。

ではどこならば狙われないか。

子爵夫人の日記のつづきを読んだ。軽井沢なら安全である。

「日光から戻ってきた息子を連れ、ごった返している上野駅から汽車に乗った。持てるだけの手荷物。衣類と食糧。布団の中にかぼちゃなどを入れてつくった大きな荷物を七、八個窓からおしこむ。軽井沢は大使館や公使館の人たちが一杯いるので、アメリカ軍は絶対に空襲はしないはず」

昭和二十年六月下旬。終戦まで二カ月。当然ながら日記の記述者は戦争がいつまでつづくのか、知っているわけではない。

「軽井沢は静かだった。美しかった。空は青く、落葉松の新芽は出揃っていた。白樺の幹は艶々と白く、格好のよい新緑の若葉が控えめにそよいでいた。戦争をしているというのが嘘のようだ」

別世界である。だが、かついできた食べ物は一週間分しかない……。

駅の周辺に出て、食糧買い出しの情報を集めた。別荘の一帯は火山灰と大噴火のときの溶岩で野菜が育たない。別荘族の奥さまたちがリュックサックを背負って駅へ向かって歩いている。顔見知りの人とわかり、「お宅も買い出し？　どこへいらっしゃるの？」と訊ねるが、彼女は黙って会釈すると、なにも答えず、迷惑そうに離れていった。

戦争がはじまる前、毎夏、いっしょにテニスを楽しんだり、サイクリングに行ったりした間柄なのに。自分がなにか悪いことでもしたように哀しくなった。しばらく歩くと、また知り合いの奥さまに会った。あいさつをして、「まだこの辺は食糧が買えます？　東京よりよいのでしょうね」と声をかけた。すると彼女もそっぽを向いて逃げるように駅へ向かう。軽井沢駅まで三、四十分ほど歩く。小川がしだいに大きな流れになるように、別荘のあちらこちらの小径からリュックサックを背負った女性が軽井沢駅につづく通りへと合流しながら増えていく。知っている人にはできるだけあいさつをするのだけれど、頭をちょっと下げるぐらいであったり、黙々と歩くばかりであったり、異様に感じた。

みな食糧入手ルートを秘密にしている。どこにしんせつなお百姓さんがいるか。どこに商売熱心なお百姓さんがいるか。できるだけ近場であればありがたい。情報が漏れると、自分が確保する量が減るかもしれないし、相場が上がるかもしれない。距離もできるだけ近いほうが運ぶ労力が減る。彼女たちは、しんせつが仇になったことも経験ずみなのだ。

それでも情報は少しずつ入った。軽井沢の周辺は無理、小諸まで行くと手に入るらしい。島崎藤村の「小諸なる古城のほとり……」の詩で知られる小諸である。軽井沢から沓掛、信濃追分、御代田、小諸と四駅で四十三分もかかる。みなが小諸に行くなら、その二つぐらい先の駅にしてみよう。小諸のつぎは滋野、そのつぎの田中という駅なら一時間を越す、このあたりが狙い目と考えた。

ところが軽井沢駅では切符を買うのに、正当な理由がなければ売ってくれない。食糧の買い出しは、闇の流通ということで違反だからだめなのだ。定期券をもっている人がいることに気づいた。がっくりして帰った。翌日、疎開する部屋を探しに行く、と言ったら売ってくれた。

案の定、小諸に着くまでの間にほとんどの人が降りた。あえてその先の駅を狙うというのはなかなかの頭脳作戦といえた。派手なかっこうはいけない。ズボンでなくもんぺをはいた。駅前のまばらな商店街を抜け、登り道を行くと丘陵地帯は見渡すかぎり畠である。富士山の上の半分をちぎったみたいなかたちの浅間山がくっきりと聳(そび)え立ち、裾野がなだらかに拡がっていた。反対側には切り立った断崖が見え、その遥か下を千曲(ちくま)川が蛇のようにうねっている。美しい眺めに見とれた。

農家を探さなければいけない。埃っぽい道を歩きつづけた。数軒の家のかたまりに近づいた。誰かお百姓さんがいてくれれば、と縁側にまわると無愛想な四十代の男が坐って縄をなっていた。

「こんにちは」

つとめて明るい声を出した。

「おじさん、野菜わけてもらえないかしら?」

男は頭の先から足下まで、無遠慮に観察しながら言った。

「どこから来なさった」

「軽井沢」

迂闊だった。しまったと思った。眼に強い侮蔑の光がいっそう増した。

「そうだろうと思ったよ。あんたらは夏は軽井沢、冬はスキーと、この辺で贅沢して遊んで暮らした人達だわ。罰が当たったでねえか」

答えようがない。

「そこに葱でも大根でもあるから掘っていけや。くれてやる」

口惜しかった。

「掘るのはかまわない、自分でやりますが、せっかくつくったものですから売ってください」

「カネなんかいらねえぞ」

睨んでいる。小さいころから畠でつくったものを背負って、別荘地へ売りに行っていた人ではないだろうか。そういえば、避暑に来ているとき、野菜を一杯入れた大きな籠を背負った母親が、よく小さい子供の手を引いて売りに来ていた姿をみかけている。

「乞食じゃありませんから、よそさまの畠からただで取って行くわけにはまいりません。さよなら」

ほんとうは咽喉から手が出そうだったが、出来なかった。バッタが跳ねる雑草に覆われた道をとぼとぼと引き返した。しかし、このまま帰るわけにはいかない。向こうから小柄で、手拭いを被ったお婆さんが歩いて来る。身体をかがめて長時間はたらくと、膝が外側に湾曲してそのぶん内股で歩くようになる。

「おばあちゃん、こんにちは。この辺に野菜や卵をわけてくれる人ないかしら？」

「ああ、この先をずっと真っ直ぐいくと掘っ立て小屋があるよ。軽井沢の尼さまたちば、よくいきなさる」

「キリスト教会のシスターが通ってくるのね」

畠の真ん中に、トタン屋根の掘っ立て小屋があった。一匹の山羊が繋がれていた。三方を板で囲い、入口に菰（こも）が垂れ下がっている。菰を手でずらしてなかを覗くと、ボロをまとった鬚面（ひげづら）の初老の男が不意をつかれなにかを落とした。お札を数えていたところらしく、二、三枚が股（もも）と膝のうえに散っている。これが探していた闇屋なのね、合点がいった。

「おじさん、食糧売ってくださる？」

「何がほしいのかね？　何でも売ってやるよ。ほれ、鶏、ほれ、卵、ほれ、馬鈴薯」

小屋の暗がりのなか、麻袋に手を突っ込むと魔術師さながらつぎつぎと品物が出てきた。卵は吊るした笊（ざる）に十個も二十個も盛られていた。値段はふっかけられているとしても、明日の食べものがないのだ。リュックに詰められるだけ詰め、両手にもぶら下げた。

「今度いつ来るかね？　また集めとくからさ」

声を背に、一日散に歩いた。少し遠いが、勘は間違っていなかった。

四、五日すると卵も野菜も食べ尽くした。また買い出しに行かなければいけないが軽井沢駅は関所である。買い出しでは闇取引ということで切符を売ってくれない。一度目は疎開する部屋探し、二度目は契約だと誤魔化した。同じ駅員がジロっと顔を覗き込む。それから無造作に申し込み用紙を差し出す。三度目は住むために部屋の掃除をする、と偽ったが、そのつぎは名案がない。

そうだ、自転車で行こう。町中の貸し自転車を片っ端から探したが、出払っている、と一台も空きがない。ようやく駅前の自転車屋で、一日だけということで古い型のものが借りられた。荷台がついているからかえって都合がよい。

軽井沢周辺は新婚時代、夏になれば子爵の夫と英国製のレースカーのエンジンを載せた緑茶色の塗装で、内装は派手なワインレッドの総革張り、日本に何台もないライレーを乗り回した。だからおおまかな地理は頭に入っている。小諸の先のあたりといっても、その記憶からすればたいしたことはない。

息子にお昼のおにぎりを握ってやり、「ママは買い出しに行って来るから留守番をしていてね」と、颯爽と出発した。八月初めの高原は涼風が気持ちよい。

軽井沢は追分のあたりがもっとも標高が高く海抜一千メートルだが、そこから先、上田方面へはずっと下り坂、浅間の白い噴煙も青い空にくっきりと美しく、久しぶりのサイクリング気分、歌まで口ずさんだ。

闇屋のおじさんは、自転車だというのでいつもの倍も荷台に積んでくれる。木陰でおにぎりを食べて、快調に帰路に着いたはずだった。ところが自転車にエンジンがついているわけではない。行きが下り坂で楽だったぶん、帰りの上り坂は無限大の長さで終りがない。上り坂は三十キロ以上もつづく。重い荷物を積み、五十メートルも走ると漕(こ)ぐ足が止まる。動悸が激しくなり、自転車から降りて手で押す。一休みする。また乗って漕ぐ。この繰り返し。道には車も走っていないし、人もいない。誰も助けてはくれない。

ゴトゴトと車輪の音がするので振りむくと、お爺さんが荷車を牛に引かせてのろのろと通りかかる。遅いようだが確実に前に進んでいるのだ。道の傍(はた)に止まって待った。

「お爺さん、荷台に乗せてくれない」

「ああ、いいよ。だけんど俺んちはすぐそこだでな」

「うんそこまででいい」

お爺さんは自転車を、やっこらさと、空いている荷台にのせてくれた。荷台に腰掛けると足をブラブラさせ、やれやれと汗を拭った。百メートルでも二百メートルでもいい少しでも遠くへ行ってと思ったのに、あっという間にお爺さんの家に着いてしまった。またそこから悪戦苦闘しなければならなかった。

道傍の草叢(くさむら)に寝ころんだ。夕闇がだんだんと迫って来た。追分に近づくと坂がさらに急で、一歩も進めない。絶体絶命だと観念したが、乗り越えなければいけない。

追分を過ぎれば、あとは少し下りになる。追分を過ぎさえすれば……、その一念で真っ白な頭のまま、坂を越えた。

そしてすぐ軽井沢だ。とにかく自転車を押して辿りついたのか、少しは漕いだのか憶えていないほど苦しかった。別荘の縁側にドタッとひっくりかえって、ハアハアと苦しい息をはいていた。

起き上がろうとすると息子が、懐中電灯をもって来た。

「大丈夫よ、でも疲れたわ。自転車を返さなければね」

「ぼく、返してくるよ」

「大丈夫？　外は真暗よ。恐くない？」

「大丈夫。男だよ、ぼく」

闇の中に消えて行った十二歳の息子が、初めてたのもしく思えた。

第二章　奥日光の暗雲

お便りします。

あれから日記を読みつづけ、軽井沢にお祖母さまが疎開してたいへんな苦労をするわけですが、奔放な性格というかのびやかな生命力があって、それが厳しい局面を切り抜けていくんですね。なかなか魅力的な女性だと思います。

東京大空襲を逃れて軽井沢にいるのに、夫である子爵の存在感が薄い。一人で東京に残っていたからです。だからお祖母さまは息子さん、つまりお父上だけ連れて軽井沢に疎開していた。

ところでこの間、お父上が皇太子明仁のご学友だったとおっしゃいましたね。

お祖母さまが「ジミーの誕生日の件、心配です」と日記に書き残していたことをおぼえているでしょうか。ジミーの誕生日が皇太子明仁の誕生日だとすると、昭和二十三年十二月二十三日に何か特別なことが起きているのではないかと資料をめくるうち、東京裁判で死刑判決を受けた東條英機らA級戦犯七名が、実際に絞首刑に処せられた日であることを思い出しました。僕には、死刑執行の日が皇太子明仁の誕生日と同じ日であることが偶然ではないような気がしてきました。

皇太子明仁の誕生日が十二月二十三日、東條英機が処刑されたのは十二月二十三日午前零時一分三十秒。ほんの一分ずらして無理矢理に十二月二十三日に持ち込んだような。四月二十九日の昭和天皇の誕生日は祝日でした。しごく当然ながらいまは十二月二十三日が天皇誕生日として祝日になっているのですが、平成になるまでは十二月二十三日は休日でもなんでもない師走のあわただしい一日に過ぎませんでした。

お祖母さまが「ジミーの誕生日が心配です」と記されているのは十二月七日でしたが、そのあと二週間ほどで東條英機が処刑されている事実があります。なにかしらの予感、あるいは特別な情報がおありだったのでしょうね。

お父上は皇太子明仁のご学友、ということは終戦の八月、軽井沢にいるときには小学校六年生でした。六月からいわば夏休みのままです。

軽井沢で終戦の昭和二十年八月十五日を迎えたお祖母さまは昭和天皇の玉音放送を聴くと、戦争は終った、もう空襲はない、安全だ、そうだ学校だ、ということですぐにお父上を日光へ行かせているのです。

小学校六年生、正確に記せば学習院初等科六年生ということになります。同学年六十六人のうち親戚やツテがある生徒は自分で疎開先を見つけた。縁故疎開と呼ばれましたが、一部の生徒を除けば、ほとんどが皇太子明仁とともに空襲を避け、集団疎開で日光のふもとへと移りました。

日記のそのページのところに、軽井沢のお祖母さまに宛てたお父上の手紙が三通、折り畳んではさまっていました。いずれも八月下旬のものです。もちろん小学生らしい、不揃いだけれどものびのびとした鉛筆書きです。

「日光ではありません。奥日光にいます」

そう書いています。

「毎日、こんせい峠をこえるためのくんれんをしています」

金精峠というのはいまではドライブ・ウエイがありますが、当時は道なき道という感じだったらしい。登山道ですね。奥日光は中禅寺湖よりまさに〝奥〟で標高一千四百八十五メートル、軽井沢よりも五百メートルも高い。さらに金精峠は標高二千二十四メートル、北に連なる根名草山(ねなくさやま)二千三百三十メートル、南側の白根山は二千五百七十八メートルという高山。金精峠はどんどん登って行くと途中から木も草もないガレ場になります。

終戦の八月十五日を過ぎてから、生徒が全員、金精峠を越えるための訓練をしていた。おかしなことですね。戦争が終って、峠越えの訓練をする理由がわかりませんよね。

そのあたりを当時の皇太子明仁をめぐる動静と、お父上の鉛筆書きの手紙から解き明かしてみるつもりです。では近日中に。草々。

頭を丸刈りにした学習院初等科六年生の皇太子明仁が玉音放送を聴いたのは、奥日光・湯元温泉の南間ホテルだった。

すでに日光での生活は一年以上になる。米軍の攻撃を予期して日光に疎開したが、つい一カ月前の七月二十一日までは日光のいろは坂の入口近い田母沢御用邸にいた。それなりの設備が整っていて、植物園の建物を教室とした。同級の生徒は近くの金谷ホテルを宿泊場所とした。教室まで三十分ほど歩いた。

金谷ホテルは洋風であり、交通の便もよい。リゾートホテルとして知られた有名なホテルである。それに較べると、深山幽谷から立ちのぼる霧につつまれた奥日光の南間ホテルは、狭いだけでなく行き止まりのような場所である。

南間ホテルは、名称はホテルでも和風の瀟洒な二階建ての旅館だった。学習院初等科六年生が学童疎開でまるごと引っ越してきていたので、畳敷きの大広間は臨時の教室でもあった。皇太子明仁は別館二階の東南角部屋の八畳が居間兼勉強部屋で、隣室には侍従と侍医が詰めていた。二階の居間の真下の一階の角部屋が専用の寝室だった。広大な田母沢御用邸に較べるとかなり窮屈といえた。

奥日光は夏でもかなり涼しい。南間ホテルでの起床は午前六時半、朝食の前に上半身はシャツを着ない裸のままラジオ体操をする。そこまでは八月十五日も変わりなかった。

八月十五日、正午から昭和天皇の玉音放送があるというので日本全国の津々浦々、学校でも役場でも兵舎でもみな正座して耳を立てた。前日の夜九時に重大放送があるとすでに予告されていた。

奥日光では蟬の大合唱が林間に響き合い、真夏の陽差しが容赦なく降りそそいで建物の内と外の明暗を濃くしていた。

大広間で午前中の授業があり、皇太子明仁は同級生たちと離れて昼近くに別館の居室に移った。部屋の真ん中にラジオが置かれている。玉音放送を聴くために、六十二歳の東宮大夫兼東宮侍従長の穂積重遠（しげとお）はじめ侍従たちが八人、正座している。正午の時報と同時に放送がはじまった。

「ただいまより重大な放送があります。全国の聴取者のみなさまご起立願います」

皇太子明仁以外は全員、直立した。「君が代」の調べが流れてから、「朕深ク世界ノ大勢ト帝国ノ現状トニ鑑ミ……」と昭和天皇の独特のイントネーションの音声が流れた。側近以外は昭和天皇の声を初めて聴くのである。あらかじめ録音されたものだということは誰も知らない。

皇太子明仁にとっては一年ぶりに聴く、四十四歳の父親の懐かしい声だった。侍従たちは泣いていた。号泣する者もいる。玉音放送の内容はむずかしくてわかりにくいが、侍従たちの様子から意味は理解できる。拳をふるわせ涙をこらえている皇位継承者に、穂積大夫が放送の内容についてあらためて説明した。

穂積が奥日光に派遣されたのは二日前、ある任務を帯びてのことだった。

ある任務……。昭和天皇が殺されるかもしれない。敵は攻め込んでくる鬼畜米英のアメリカ兵だ。皇太子明仁を囚人として連れ帰るかもしれない。さらに敵はもうひとつ、徹底抗戦を叫ぶ、味方であるはずの皇軍兵士かもしれない。

かつての二・二六事件のようなクーデターが勃発する可能性があった。クーデターは東京で起きるだけではない。奥日光にいる皇太子明仁を拉致して立て籠もる事態も考えられた。そうであれば、そのたくらみをいち早く察知し、肩すかしをくらわせる逃亡作戦も重要な任務である。

玉音放送の瞬間から、マッカーサー連合国軍最高司令官がレイバンのサングラスにコーンパイプをくわえて厚木飛行場に降り立った八月三十日までの二週間余、日本列島は無政府状態に置かれていた。権力の空白期間だから、下克上が罷り通る。軍隊においては上官の命令は天皇陛下の命令であり、したがってその命令に反すれば重罰に処せられるはずだが、下克上のいまはそうではない。

下克上であれば昭和天皇といえども安全ではない。天皇という〝玉〟を楯に徹底抗戦を考える直情的な軍人がいるかもしれない。皇居のなかであっても戦争の終結を阻止しようとする叛乱軍が入って来ないともかぎらない。じじつ前夜の八月十四日の深夜に実力で玉音放送用の録音盤を奪取すれば、翌十五日昼の放送は中止になる、と考えた徹底抗戦派がいた。玉音放送が中止になれば終戦は周知されないから、武装解除をしない部隊が各地でアメリカ軍と交戦状態となる可能性があった。

皇居の北側の乾門の橋をわたると煉瓦色の二階建ての近衛師団本部があり、皇居の防備のために近衛第一連隊と第二連隊の歩兵各一千五百人が常駐している。十二日と十三日が第一連隊、十四日と十五日は第二連隊と交代勤務になっていた。もし近衛師団が叛乱分子の支配下に入れば、皇居は外部との交通が遮断され孤立した島となる。

以前に一度、一九三六年（昭和十一年）の二・二六事件が起きたその日、昭和天皇は叛乱軍が皇居に侵入するのではないかと恐れたが、あのとき以来の空間の裂け目が生まれようとしていた。

あのとき、とは十年近く前、昭和十一年二月二十六日、東京が三十年ぶりの大雪に襲われた日であった。東京で大雪が降るのはたいがい二月下旬から三月上旬である。一八六〇年（安政七年）三月三日早朝、十八人の水戸浪士らが幕府大老井伊直弼を襲い暗殺したときも雪景色だった。鮮血が飛び散り、鍔迫り合いの激しさを物語る斬られた指が幾本も白い雪のなかに転がっていた。

二・二六事件の年も大雪の当たり年だった。二月四日は大雪で停電となっている。三十一センチの積雪で、これが根雪として残ったところにさらに二十三日、三十五センチも積もった。二十六日も雪が舞っていた。

雪景色の未明、クーデターが勃発した。首謀者の青年将校らに率いられた一千六百人の兵士、首都防衛が任務の第一師団の第一連隊と第三連隊、近衛師団第三連隊がそれぞれ分担して政府要人の暗殺を決行する。斎藤実内大臣、高橋是清蔵相、渡辺錠太郎陸軍教育総監を殺し、鈴木貫太郎侍従長に重傷を負わせた。岡田啓介首相は危うく難を免れたが、しばらく行方不明だった。

クーデターの首謀者たちは「天皇親政」を謳っていたが、天皇にとっては唐突感が否めない。なぜなら殺された政府要人は立憲君主制のリーダーたちであり、政治の実際は彼らに委ねられている。上奏と呼ばれる報告があり、名前も顔も覚えている。とくに鈴木貫太郎侍従長は職掌柄、毎日、接していた。その鈴木が突然、消息不明になったのである。

叛乱軍は霞が関、三宅坂の一帯を占拠してところどころに砂袋の山に機関銃を据え陣地を構築していた。昭和天皇は濠の上の雪深い繁みから、積雪で白く染まり轍（わだち）の跡もほとんど見られない内堀通りを眺め、さらに靄（もや）がかった彼方を窺った。半蔵門の手前から桜田門のあたり、さらには日比谷公園の先まで、つまり視界の及ぶすべての世界は黒々とした叛乱軍の兵士たちの影に支配されているように思われた。

朝から、陸軍大臣などの上奏がつぎつぎとあった。陸軍大臣は「蹶起趣意書」を公然と読み上げて状況を説明した。まるで叛乱軍を容認していると受け取られても仕方がない。強盗の脅迫状を代わりに読み上げるようなものである。これでは誰の上奏が真相に近く、客観性があるのかわからない。叛乱軍に与（くみ）する者、与しなくても距離が近い者、どちら側につけば自分が有利なのかをはかって微妙な言い回しで言葉を濁す者など、まさに下克上の様相を呈していた。

誰を信じていいのかわからなかった昭和天皇は、自らの耳で濠外の状況を確認しようとした。

麹町署の署長室に備えてある宮内省直通の非常電話のベルが鳴ったのは夜八時だった。麹町署は半蔵門に近い。皇居の裏門、新宿方面を向いている。叛乱軍が占領している桜田門の警視庁や内務省一帯とは目と鼻の先、一キロメートルほどである。

たまたま受話器をとったのは二十八歳の巡査だった。若い巡査は、前夜来の警備でくたびれはてていた。サイドカーに署長を乗せて走り回る役目の交通係巡査だった。署長も椅子にもたれてぐったりして眠っている。脇の椅子で巡査も眠気に耐えていた。電話はそこへかかってきた。

「ヒロヒト、ヒロヒト……」と言っているように聞こえたが、意味をつかめない。

「もしもし……、どなたでしょうか」

返答はない。電話はいったん切れた。再びベルが鳴った。

「これから帝国でいちばん偉い方が訊ねるのでそのつもりで聞くように」

別の説明の声が入り、すぐに尻上りのイントネーションの声に代わった。

「鈴木侍従長は生きているか」

「はい、生きてます」

「生きていることは間違いないか」

「昼間、確認してまいりました。兵隊の目をくらますために、花輪がならべてありましたが、ご存命です」

皇居の正面は赤煉瓦の東京駅側、丸の内に面している。お文庫と呼ばれた昭和天皇の生活空間は、いちばん奥に位置して、真裏にある半蔵門に近い。麴町警察署はその半蔵門から二百メートルほどの近い距離だ。鈴木貫太郎侍従長の侍従長官邸は麴町警察署の北側の徒歩数分のところにあった。とはいえ大声で叫べば届く、というわけにはいかない。

巡査は矢継ぎ早に問いかけられた。

「総理はどうしているか」

この世の者とは思われない声色、と思われた。疑問符の「か」が高音なのだ。

「たぶん生きていると思います」

「証拠はあるか」

「かねてより、非常に備えて避難所がもうけられております」

「それだけでは難を逃れたかどうか、わからぬではないか」

「官邸の周囲は兵に囲まれております。状況をさぐるのは困難なのであります」

受話器の向こう側で、「チンは誰と連絡をとればよいのか。ああ、股肱(ここう)の生死すらも知ることができない」と、つぶやきが聞こえる。

巡査は、瞬間、全身に冷水を浴びせられたように軀がぶるぶると震えた。教育勅語「朕惟フニ我カ皇祖皇宗……」のチンだと気付くのである。

「それでは朕の命令を伝える。総理の消息をはじめとして情況をよく知りたい。見てくれぬか」

名前を問われた。

「こ、こうじまちのコウツウです。麴町の交通でございます」

そう答えるのが精一杯だった。九年後の昭和二十年の玉音放送まで、側近や政府の幹部以外で昭和天皇のナマの声を聴いた者はいなかったのである。

終戦の混乱に直面した昭和天皇は、再び十年前の二・二六事件の悪夢を脳裏によぎらせただろう。

アメリカのトルーマン大統領、イギリスのチャーチル首相、中華民国の蔣介石総統が、ドイツのベルリンに近い小都市ポツダムで話し合いの場をもち、日本に対し「無条件降伏せよ」との宣言を発したのは昭和二十年七月二十六日だった。外務省は海外放送により、すぐにこの情報を得ている。それからポツダム宣言の受諾までの期間が二週間、そんな時間をかける必要があったのか。東京は一面、焼け野原でもう盛り返す手立てはないはずなのに。

ポツダム宣言には、日本の軍人たちに認めがたい文言が入っていた。

「日本国の戦争遂行能力が破砕されたという確認があるまで（略）占領する」「日本国の主権は、本州、北海道、九州、四国とわれわれが決める諸小島に局限される」「日本国の軍隊は、完全に武装を解除」「戦争犯罪人に対しては、厳重な処罰が加えられる」などだ。

だがこれらの項目の前に「われわれの条件はつぎの通りである」と、述べているので、必ずしも無条件ではない。「日本国政府がただちに日本国軍隊の無条件降伏を宣言し、かつ、誠意ある行動に移れば」と書いてある。「軍隊の無条件降伏」なのである。天皇については とくに触れていない。

ポツダム宣言受諾を決めるまでにかかった二週間は、決定力が欠けた会議の連続だった。天皇の存在がどうなるのか、ポツダム宣言にはそのメッセージが抜けている。これが紛糾の原因である。

閣議やら最高戦争指導会議やら、幾度も開いたが紛糾するばかりで前進しない。陸軍が強硬だった。阿南惟幾（あなみこれちか）陸軍大臣が急先鋒だった。何も決められない。

その間に八月六日のヒロシマ、九日のナガサキへの原爆投下、同じ日にソビエト・ロシアが参戦した。八月九日の深夜、皇居内の防空壕で午後十一時五十分に昭和天皇臨席の御前会議が開かれたが、堂々巡りだった。二・二六事件で重傷を負った侍従長鈴木貫太郎がこのときの首相である。昭和十九年七月に東條英機内閣が総辞職、陸軍大将で朝鮮総督の経歴がある小磯国昭が引き継ぎ、昭和二十年四月に鈴木貫太郎内閣が誕生した。

終戦の機会を窺うと見られた鈴木内閣も、動きは鈍かった。ずるずると四カ月が経ち、いよいよ正念場を迎えていたのである。

八月九日午後二時三十分から始まった閣議は五時三十分から一時間の休憩をはさんでえんえん午後十時二十分までつづいて、いったん休憩、十一時五十分から天皇臨席の御前会議に切り替わった。御前会議は防空壕のなかで開かれた。位置は皇居内の北西、濠を挟んで近衛師団本部が見えるあたり、その地下十メートルの分厚いコンクリートに覆われた深い場所、静寂の空間である。御前会議の列席者は総理大臣、外務大臣、陸軍大臣、海軍大臣、陸軍参謀総長、海軍軍令部総長が正規の構成員、ほかに平沼騏一郎枢密院議長、内閣書記官長、陸海軍の軍務局長、内閣綜合計画局長官、計十一名であった。

深夜の十一時五十分からはじめた会議は八月十日午前二時をまわってもつづいた。

鈴木首相は機をみはからって立ち上がり、「天皇陛下のおぼしめしをお伺いして、それによってわたしどもの意思を決定いたしたいと存じます」と、発言した。阿南陸軍大臣がそれを阻止すべく「総理」と言ったが、八十歳近い老宰相は耳が遠くて聞こえなかった。

聞こえないふりをしたのかもしれない。

昭和天皇は、少し前傾姿勢になり、とぎれとぎれにこう述べた。

「大東亜戦争がはじまってから、陸海軍のしてきたことをみると、どうも予定と結果とがたいへんちがう場合が多い」

「このような状態で本土決戦に突入したら、どうなるか。わたしは非常に心配である。あるいは、日本民族はみんな死んでしまわなければならなくなるのではないか」

「忠勇なる軍隊の武装解除や戦争責任者の処罰など、それらの者はみな忠誠を尽くした人びとで、それを思うと、実にしのびないものがある。しかし、今日はそのしのびがたきをしのばなければならないときだと考えている」

「たえがたいこと、しのびがたいことではあるが、この戦争をやめる決心をした」

ポツダム宣言受諾が決まったのは八月十日午前二時二十分だった。二時三十分に昭和天皇は退出している。その後、決議に花押(サイン)する段になって平沼騏一郎枢密院議長が「天皇の国家統治の大権」だけは認めてもらわないと困る、と言い出したので字句の修正をした。

ポツダム宣言には「天皇」という言葉がひとつもない。だから、天皇の身分は保持される、と解釈することで「ご聖断」にしたがった。「もうちょっとそこを強調せよ」と長老の平沼が求めたのである。「天皇の国家統治の大権を変更するという要求を含んでいないことを了解して、帝国政府は、これを受諾する」と入れて八月十日午前三時に閣議決定となった。午前七時に外務省が中立国のスイス公使の加瀬俊一とスウェーデン公使の岡本季正(すえまさ)に打電した。加瀬公使はアメリカと中国の大使館に、岡本公使はソ連とイギリスに、ポツダム宣言受諾の正式英文をすぐさま通告した。

連合軍の返答は海外放送で八月十二日の午前零時四十五分に流れている。公式に外務省に届いたのは夕方だった。

「降伏のときから、天皇および日本国政府の国家統治の権限は、降伏条項を実施するためその必要と認むる措置をとる連合国軍最高司令官の制限のもとにおかれるものとする」

英語では「連合国軍最高司令官の制限のもとにおかれる」は、サブジェクト・トゥ(subject to)であり、陸軍は「隷属する」と訳した。奴隷のような立場だ、国体の護持はできない、といきり立った。

平沼議長と阿南陸軍大臣は、鈴木首相に対して「これでは受諾できない」と主張した。さらに阿南陸相は、武装解除や占領軍の駐留についても撤回させるべきだ、そう交渉してほしい、とつけ加えた。もう一度やれ、連合国に再照会せよ、と言った。二週間かかってここまで辿り着いたのに、振り出しに戻ってしまいそうだった。

八月十二日の早朝、陸軍を代表する梅津美治郎(よしじろう)参謀総長と海軍を代表する豊田副武(そえむ)軍令部総長の二人が、皇居へ行き昭和天皇に奏上（直接に意見を言う）した。

「このような条件で和平を行えば、日本は連合国の属国に成り下がり日本は滅びてしまいます」

昭和天皇に「陛下、陛下」とへりくだりながら、このままではポツダム宣言は受諾できない、と激しい口調で奏上した。

八月十三日午前九時から最高戦争指導会議が開かれた。「ご聖断」のときと同じメンバーである。また堂々巡りになった。会議はいつ果てるともしれない状態で、鈴木首相は頭を冷やしてもう一度考えよう、とひとまず散会とした。午後二時、これで五時間かかっている。つぎに午後三時から首相官邸で閣議が開かれた。七十八歳の老宰相鈴木貫太郎は最後の力をふりしぼってまとめようとしたが、なにも決まらず閣議は六時半に終った。

こうして結論は八月十四日に持ち越された。

八月十四日午前十一時に最後の御前会議が開かれている。鈴木貫太郎首相が再び昭和天皇に決断を求めた。

「反対する者の気持ちはよくわかるが、その趣旨もわからないではないが、考えはこの前のときと変わらない」

昭和天皇は緊張した表情で言葉を発した。ゆっくりとさとすように語った。正午に近づいていた。やがて時計の針は長針と短針がひとつに重なり、長針が右へ進んだ。八月十四日午後六時より開かれた閣議で、詔書の文言をめぐって阿南陸相と米内光政海相がもめて、細かな修正で一致せず午後八時過ぎまでかかった。昭和天皇の手元に玉音放送で読み上げる終戦の詔書が届いたのはかなり遅い時間になっている。この遅れが、致命傷になりかねなかった。

宮内省内で録音する予定だが、空襲警報がなりB29が埼玉・熊谷方面へ来襲というので昭和天皇がお文庫から宮内省の録音室へ小走りで到着したのは午後十一時三十分だった。玉音放送は二回、録音された。録音が終ったのは八月十五日午前零時に迫るころだった。

不穏な空気が漂っている。二・二六事件のように若手将校が決起するという情報が、どこからともなく流れてきた。とくに八月十日の「ご聖断」以降、ポツダム宣言受諾の情報が漏れ出した。

天皇家に二つの危機が迫っている、と周辺は考えた。ひとつは軍部による天皇の幽閉、もうひとつはアメリカ軍を中心とした連合国軍による天皇の身柄拘束である。

昭和天皇にもしもという事態が発生した場合、万世一系を維持するために皇太子明仁を〝保存〟しなければいけない。

皇太子明仁はまだ十一歳、小学生で日光に付き添ったのは五人の傅育官だった。彼らは皇后宮職と呼ばれる皇后直属の事務や皇子の保育などを専門としていた。八月十日、皇太子専門の東宮職を独立させた。スタッフ三十数名を擁するミニ宮内省である。東京帝大法学部長の経歴をもち渋沢栄一の孫でもある穂積重遠を、トップの東宮大夫に据えた。穂積には東宮侍従長も兼任させた。日光に同行していた傅育官も東宮侍従となった。

穂積といっしょに新しいスタッフが奥日光へ到着したのは八月十三日だった。東京でなにかが起き連絡が途絶えても、奥日光で独自の判断で行動する体制が組まれた。

新スタッフが奥日光へ着いたころ、入れ違いに皇太子明仁の軍事教育御用掛の高杉善治中佐が上京した。

四十四歳の高杉は、生真面目で几帳面、謹厳実直で職務に忠実な軍人だった。だが口元が緩むと裏表のない好人物であることは誰にも知られた。正直とか公平という素朴で確かな道徳がそのこころを支え、身体の姿勢さえも支えていた。

高杉中佐は侍従ではなく軍人、皇太子にとっては父親と同年齢であり、身を挺して息子を守るという使命を抱えている。上京した高杉中佐は、まず目白の学習院を訪れた。学習院の懇意の教授から耳打ちされる。

「信頼すべき筋からの情報ですが、日本が無条件降伏することに決まったようです」

それならなにか情報があるに違いない。確認しなければ、と翌八月十四日に陸軍省と大本営参謀本部のある市ケ谷台へ向かった。「在京の佐官（大佐、中佐、少佐）以上の階級、つまり連隊長や大隊長クラスの将校は、午後二時に大本営の講堂に全員集合せよ」という伝達が出ていた。二時よりかなり前、すでに講堂はざわついていた。将校が数人ずつかたまりあちらこちらに輪ができている。終戦を受け入れるかどうか、大声で議論している。

高杉は、容易ならざる事態を悟った。学習院の教授に聞いたことはほんとうらしい。

八月十四日の正午過ぎまでかかった御前会議が終り、阿南陸軍大臣は市ケ谷台へ戻った。

午後二時、阿南惟幾陸軍大臣が講堂の壇上に現れた。唇をかみしめ、意を決した表情でつい先ほどまで開かれていた御前会議について語り始めた。

「御前会議では、このままポツダム宣言を受諾するわけにはいかない、と主張したのだが、天皇陛下のお考えはそうではなかった」

阿南陸相は、わかってほしい、自分は諸君の気持ちと同じだ、と強調した。昭和天皇の言葉を伝えた。

「陸海軍の将兵にとって、武装解除や保障占領ということはたいへん辛く、堪えがたいにちがいない。それはよくわかっている。また国民が玉砕して国のために殉じようとする心持ちもよくわかる」

「この際、わたしのできることはなんでもする。国民はいまはなにも知らないでいるのだから定めて動揺すると思うが、わたしが国民に呼びかけることができればいつでもマイクの前に立つ」

　そのうえで、と阿南は言った。

「陛下が、ポツダム宣言受諾にどうか賛成してくれ、と仰せになられたのである。よいか、このようにご聖断がくだった以上、もはやいたしかたない。大命ただこれに従うよりほかに、われわれの取るべき道はない。軽挙妄動してはならぬ」

　講堂に集まった将校は立ったままむせび泣いている。床に尻をついて大声でなく者もいる。

　高杉中佐は皇太子明仁のために、できるだけ新しい情報をつかまなければ、と無我夢中である。有末精三（ありすえせいぞう）中将の部屋をノックした。参謀本部第二部長の有末中将は、情報収集と謀略が担当だからだ。

　有末中将は、高杉中佐がどんな情報を求めているか心得ていた。

「たしかに一部の青年将校には、天皇陛下のご聖断に背いても徹底抗戦するという動きがあるんだよ」

　高杉中佐は、皇太子殿下も危ない、と思った。すぐ帰らなければいけない。事件はその夜、八月十四日の深夜から十五日の未明にかけて起きる。

すでに記したように、宮内省の建物の内部で昭和天皇がマイクの前に立ち、録音を終えたのは深夜である。

青年将校たちは玉音放送が録音されたと知り、翌日の放送を阻止するために録音盤を奪い取り、皇居を占拠して本土決戦に持ち込もうと考えた。八月十五日午前一時を過ぎていた。近衛師団本部二階の師団長室にいる森赳（たけし）中将を説得し、決起に同意させようとした。師団長室へ入った青年将校らは、森師団長が断ると拳銃を発射し、たまたま居合わせて師団長を庇おうとした妹婿の白石通教（みちのり）中佐を軍刀で斬り殺した。

森師団長と白石中佐を殺した一団は、ニセの師団長命令を作成して、一部の近衛連隊を巻き込みクーデターを決行する。

クーデターには、森師団長の説得のほか、録音盤の奪取、阿南陸軍大臣の支持を取り付けること、この三拍子がそろっていなければいけない。すでに森師団長は殺した。つぎに阿南陸軍大臣を説得しに陸相官邸に駆け込むと、「一死以テ大罪ヲ謝シ奉ル」と半紙に筆で記して、畳のうえですでに切腹の準備に入っていたため、翻意させることは不可能だった。録音盤は、危険を感じた徳川義寛侍従が隠し場所を求めて歩き、宮内省の筧素彦総務課長の機転で書類入れの軽金庫に隠したので見つからず、奪取に失敗した。

結局クーデターは、ニセ命令書が発覚したところで不首尾に終り、夜が明ける。

宿直の侍従と交代するため朝早く出勤した徳川義寛の同僚、岡部長章は昭和天皇のいるお文庫に参上したところ、東部方面軍司令官の田中静壱大将から拝謁を願いたい、と連絡が入った。昭和天皇は大声で叫んだ。

「田中が生きていたのか」

それなら大丈夫だとつぶやいて、振り返った。

「良宮（皇后）、もう大丈夫ですよ」

弾んだ響きで言った。

二・二六事件と同様に、状況がつかめなかった。あのときは濠の外だったが、今度は未明までお文庫の周囲を銃剣を構えた近衛兵に取り囲まれ孤立状態にあった。東部方面軍の司令官が生きている、ということは事態が鎮静化している。ようやく外部の情勢がつかめたのである。

八月十五日の朝八時半、高杉中佐は近衛師団司令部に駆けつけた。白い軍用毛布にくるまれた二つの棺が司令部入口から運び出されるところだった。森赳師団長と白石中佐の遺体である。

有末中将に電話をかけると、こう言われた。

「宇都宮の東部軍第十四師団の一部にも、皇太子殿下を奉じて、会津若松に立てこもり、最後まで抗戦を継続しようという動きがあるらしい。気をつけろよ」

驚愕した。皇太子殿下が危ない。拉致される。奥日光へと急いだ。

前略。便りのつづきです。

お父上の手紙がおもしろい。

「今夜はてんぷらが出る、おいしいぞ、と先生が言いました。でも雑草とイモでした」

当時、お父上の同級生が奥日光でつけていた「食事日記」を入手しました。三度三度の献立が記録されています。例えばある日のメニューは「朝、タクアン、ネギ。ワラビ。昼、ネギ。お葉（煮たの）、味噌漬けのお葉。夜、マゼメシ（大豆、ネギ）、タクアン、お葉の玉子とじ」。タンパク質のほとんどない食事は、十二歳の食べざかりには辛かったでしょうね。

おもしろいのは、久し振りに同級生に会ったときの印象です。

六月まで金谷ホテルにいたときには変な軍隊形式がはびこっていた。一部屋に八名ぐらいが生活していた。部屋ごとに室長、副室長がいた。お父上の部屋はKという生徒がたまたま室長に指名されていた。Kは軍隊のまねをして、たとえばトイレに行くときにも「これから便所に行くのであります」と言わせた。「よしッ」と威張ったあと、便所から戻ると「ただいま帰りました」と報告させる。

実際の軍隊では、いちいちそういう復唱をしないといけない。なぜなら、戦地で一人足りない、行方不明ならば秘かに敵に襲われたのかもしれない。だから行きます、戻りました、と敬礼して報告する。危機管理ですね。

それをKがはじめた。ところが子供同士だから、危機管理の意味がわからない。報告がいつの間にか、許諾になってしまう。トイレに行くにも、行くこと自体が報告ではなく許可になるから、集団的なイジメになってしまった。Kが小さな凶暴な独裁者になり、子供だからそれを阻止する手立てがない。止める手段を知らない。全員がKの手下にされ、誰それの態度が悪い、そう認定されれば、畳の真ん中に坐らせられ、全員が加担してなぐるのである。

奥日光へ着いたら、小さな独裁者Kはしょぼんとしていた。終戦で突然、権力を失ったのです。みなぼんやりしている。その様子が手紙に書いてありました。

ところが金精峠越えの訓練がはじまるのです。その訓練に皇太子明仁も参加している。辛さは同じなのです。

どうして峠にのぼるのか。

「くんれんがいやになります」

逃げるための訓練をしていたのです。

奥日光でなにが起きていたのか。奥日光から金精峠に、皇太子明仁を連れて逃げ延びようと真剣に考えた人がいたのですね。まるで源義経における弁慶の立場にいた高杉という人物が残した手記に詳細がありましたので、整理して少しまとめてみました。まだ途中ではありますが。

取り急ぎ。不一。

高杉中佐は奥日光へ戻るために急ぐが、電話もかけた。皇太子明仁を警護する責任者は近衛師団の儀仗隊司令・田中義人少佐である。

儀仗隊は戦争の現場で銃を撃ち合うために存在するわけではない。赤い絨毯のうえを歩く外国の賓客を整列して迎えたりする。その際に担ぐ武器には戦闘能力より装飾性が強調される。ただ儀仗隊の役割は儀礼のほかに政府要人の護衛も含まれる。近衛師団の儀仗隊は天皇や皇族の護衛がいちばん大きな任務だった。

近衛師団の本隊は三千人規模で皇居を護衛している。近衛師団本部は二階建ての煉瓦づくりの風格がある建物だ。現在の武道館がある北の丸公園一帯は近衛師団の兵舎が立ち並んでいた。

近衛師団のトップは、八月十四日の深夜、正確には十五日午前一時過ぎに殺された森赳中将である。儀仗隊司令の階級は少佐で、較べものにならない。エリートだがまだ三十八歳でしかない。司令というより隊長である。儀仗隊は百五十人ほど一個中隊の規模で、奥日光にいる皇太子のためのミニ近衛師団なのだ。

高杉中佐が電話で田中司令を呼び出したが、八月十五日未明のクーデター未遂事件については気づいていないことがわかった。電話で説明してもわかりにくいので、「宇都宮の第十四師団が危険だから、宇都宮の憲兵分隊との連絡を密にして、殿下の護衛に万全を期するように」とだけ伝えた。

田中少佐は殺された森師団長の部下で近衛師団歩兵第一連隊第一大隊長だった。日光の皇太子の警備を命じられたのは五月二十六日で、命じたのは森師団長だから、充分な背景説明抜きで、ただ殺されたと言ったら頭が混乱してしまうだろう。

それに……。近衛師団のクーデターの首謀者は中佐や少佐クラスだから、田中少佐と相通じている可能性も考えなければいけない。

高杉中佐自身が、落ち着こう、落ち着こうと自らに言い聞かせていた。宇都宮の第十四師団が決起して皇太子明仁を拉致するかもしれない。アメリカ軍は相模湾に上陸するだろう。そのまま敵が関東平野を攻め上ってくれば、奥日光とてもはや安全ではない。皇太子明仁を護衛しながら奥日光から金精峠を抜けてどこまでも落ち延びなければ。戦闘を避け、世塵にまみれてどこまでも。

日光駅の改札を出ると憲兵が近づいてきた。顔見知りの男だった。

「奥日光は大丈夫か、第十四師団の動きはどうか」

「はッ。宇都宮師団は抗戦継続のため目下動員中であります。近いうちに、殿下を奉ずべく湯元（奥日光）へ押し寄せてくるかも知れず、儀仗隊はすでに一部を要所に配置し、これら抗戦部隊を阻止する態勢を準備中であります」

緊迫感を覚えながら、ケーブルカーの乗車口へ急いだ。武装兵が一個分隊、十数人が配置されており、厳しい眼で通行人を監視している。ケーブルカーの終点の明智平で降りると、ここにも一個分隊が警備にあたっていた。明智平からバスに乗って中禅寺湖を過ぎ、竜頭滝のつづら折り道路にかかると、工兵の歩哨が車を停止させ、乗客を点検したのち、バスを坂の上まで誘導した。ここにも顔見知りの下士官がいたので、無事に通過することができた。奥日光の入口、湯滝付近でも同様の検問を受けた。奥日光の集落に着いたのは夕刻であった。

さっそく、田中儀仗隊司令がいる宮川旅館にかけつける。色白で太った丸い童顔を緊張させた田中少佐は、軍装でテーブルの前に坐り地図を見ながら作戦を研究中の様子だった。

「田中少佐、状況はどうかね。じつは近衛師団に叛乱があって森赳師団長が殺された。こっちは大丈夫か」

田中少佐は沈痛な表情になったが、平静さをたもつ努力をしている。高杉中佐はそばによって、地図を覗き込みながら坐った。田中少佐は奇妙な話をした。

「今朝（八月十五日）です。東部軍の参謀がやってきた。東部方面軍司令官の命令を伝えに来たのです」

内容は案じた通りだった。

「貴官は第十四師団と協力して皇太子殿下を奉じ、会津若松に立てこもり抗戦を継続すべし。第十四師団に対してはすでに出動を命じあり」

録音盤を奪取しようとした首謀者たちが出したものと同様のニセ命令書である。

東部方面軍司令官は、昭和天皇が「生きていたか」と大声を出して喜んだ田中静壱大将だからそんな命令をするわけがない。しかし情報がかぎられているとき、命令が真実か否か、その場では咄嗟に判断しにくい。

では田中少佐はどう対応したか。

「私は近衛師団の直轄でありますから、近衛師団の命令がない限り、その命令に従うわけにはいきません」

軍人としてきわめて正しい判断だった。直接の指揮命令系統の指令がなければ動かない。東部方面軍の参謀は中佐で階級がひとつ上で、威嚇して命令を押し付けようとしたが、田中少佐は頑としてこれに応じなかった。参謀は仕方なく引き返した。田中少佐はただちに近衛師団に無線電信で連絡をとろうとしたが全然応答がない。連絡がとれなかった。つぎに第十四師団司令部に無線電信で連絡をとった。第十四師団は、その参謀のニセ命令の伝達を受けていた。出動準備中というのである。

田中少佐は驚きかつ困惑した。しかし、近衛師団と連絡がとれるまでは本来の任務を続行し、皇太子明仁を守護せねばならないと決めた。第十四師団が奥日光へ向かって来るなら阻止すべきと判断した。

登って来る道は一本しかない。つづら折りの道路の途中に地雷を敷設させた。儀仗隊は奥日光にいたが、近衛師団から増援された歩兵四個中隊のうち一個中隊は奥日光に、三個中隊はふもとの日光にいる。六百人近い兵隊を、攻め込まれないように途中の道路の要所で交戦準備の配置につけた。しかし、三千人近い第十四師団が戦車や機関銃の重装備で津波のごとく押し寄せれば、長くは持ちこたえられない。

そのうち、近衛師団との無線連絡もとれた。やはりニセ命令だとわかった。近衛師団に救援を求めると、戦車一個中隊（十二両）を沼田方面から金精峠方面に、また飛行機一個中隊（十二機）を戦場ヶ原に、いつでも救援に派遣できるよう準備したと返答してきた。

高杉中佐は胸を撫で下ろした。最悪の事態が起きても皇太子明仁に付き添って、いっしょに戦車に乗り軽井沢方面へ退避できる、と。

ニセ命令であろうと、叛乱分子が攻めて来る可能性は高いのである。南間ホテルの支配人に、どの道が安全かと相談した。金精峠を越える途中は、自動車の通行は不可能で戦車などとても無理だ。金精峠を越えて反対側のふもとへ下りて行けば、戦車が迎えに来ることはできる。

金精峠へ登る訓練を、生徒たちと始めた。そのうち宇都宮の第十四師団の参謀が日光まで連絡にやって来た。東部方面軍司令官の命令はニセ命令と判明したので第十四師団は動員を中止して平静にもどった、と報告している。

しかし高杉中佐は、金精峠へ登る訓練を止めなかった。

八月十六日、別の情報を憲兵隊から入手したからである。

「アメリカ軍が本土に進駐してきた場合、殿下を人質としてアメリカ本国に強制拉致すると思われる」

高杉中佐はさっそく田中儀仗隊司令と対策を立てた。

「もしアメリカ軍が殿下を強制的に拉致しようとした場合、お身代わりの生徒を用意しておいて、これを差し出し、殿下はおしのびで金精峠を越えてご避難していただくこと」
「お身代わりの生徒の選定交渉は直前に学習院の先生に依頼すること」
「本計画は動揺を避けるため、行動開始まではきわめて少数の関係者以外には極秘とすること」

八月十七日に偵察隊を出した。「自動車はまったく通らない」「馬は途中までは通れるが湿地帯があって通れない部分が多い」「駕籠とご徒歩ならば、相当の困難はあるがまず可能である」「夜間の行動も可能である」などが報告された。

奥日光は夏の終りを迎えようとしていた。ひぐらし蟬がないていた。夜ともなれば冷えこみ、南間ホテルの食堂にはストーブが焚かれていた。

高杉中佐は悲壮な決意をしていた。ふと皇太子明仁をみると、もの思いに沈んでいる。二週間ほど前の八月二日、有末精三中将が奥日光に来て、皇太子をはじめ少年たちに特別講義を行ったことを思い出した。有末中将は全員に冊子を配った。製本されておらず、質の悪い紙を折りたたんだものだが、そこに書かれていたのは、アメリカ軍が上陸してきて本土決戦になったとき、少年たちがなすべきことだった。「穴を掘って身を潜め、アメリカ兵が来たら下から刺せ」とか「電柱の上に隠れて、飛び降りて刺せ」と絵入りで説明してある。講義が終ったあと、皇太子はおずおずと有末中将に問うた。「なぜ、日本は特攻戦法をとらなければならないのか」と。

皇太子明仁はあのときと同じ、怯えを隠そうとするような表情を浮かべていた。戦争は終ったが、状況は変わっていない。

これからなにが起きるのか。誰もわからなかった。

第三章　アメリカ人

謎かけの一通の手紙が舞い込んだのは梅雨が終りかけ盛夏を迎えるころだった。あれから一カ月、秋の気配は素早く忍び込む。

手紙の主と久し振りに会う段取りができた。再び土曜日の昼過ぎだ。岡本太郎記念館に近い骨董通りにも、オープンテラスのカフェがある。気候がちょうどよい。

白いジーンズ姿で申し訳なさそうな、奥ゆかしそうにも思われる笑顔で現れた彼女に言った。

「おかげさまでずいぶんと夏が短く感じられましたよ」

皮肉ではない。調べものに夢中になっているときには時間を忘れている。そういう過ごし方が、いちばんいいのだ。ある歳を過ぎてから、夏ごとに毎回異なるテーマがないと不安になりはじめた。いつの夏、どのときの夏と、過ごした夏が多すぎて区別がつかないからである。

「奥日光はお盆を過ぎると、ストーブを焚くぐらい。標高一千五百メートルもあるんだから、涼しいどころではないようです」

「小学六年生のときかしら、日光東照宮へ行ったのは。あそこは、ほんのふもとってことなのですね」

「東照宮は外国人の観光ルートになっているんだよね。そういえばこの骨董通りも外国人が多いなあ」

カフェの椅子が歩道とすれすれのところにあるから通行人はすぐ眼の前を通り過ぎていく。

骨董通りにはコインを入れる路上駐車場があり、停まっている車には高級車が多い。むかし都電が走っていたころは高樹町通りと呼ばれていたけれど、一九八〇年代から骨董通りが通称になって定着した。根津美術館は伝統工芸品がたくさん収蔵されていることもあって古美術商が集まり、最盛期には骨董屋が八十軒ほどあった。いまは三十軒ほどに減り、代わりに高級ブランドのブティックだらけだ。でも渋谷あたりとは違って静かで落ち着いてよい。たばこに火をつけた。

「金谷ホテルは東照宮に近いでしょ。東照宮の先からいろは坂を登ると有名な華厳(けごん)の滝があって。あれは中禅寺湖の水が高低差で落ちて来るんだよ。九十七メートルもあるっていうんだけれど」

「わたしも華厳の滝を見ました。もっと大きいかなあと想像していたんですけど、ふふ、ナイアガラの滝と較べたら消防自動車の放水。意外と小振りなのですね」

「そうだね。たいがいの観光客は華厳の滝を見て帰ってしまう。奥日光は、中禅寺湖からさらに登るので観光客も少ない。ましてや……」

「戦争中に父がそんなところへ行っていたなんてまったく知りませんでした。それで金精峠を越えて逃げたんですか」

「逃げようとしていたのは事実だけど、いざ逃げ出すのは敵の様子を見極めてから、ということにしたらしい。マッカーサー元帥が厚木飛行場に降り立ったのは八月三十日だけれど、天皇をどう処分するか、日本側は緊張して出方を窺っていましたからね。アメリカの新聞には、天皇を死刑にしちゃえ、なんて記事が出ていましたから」

情報化社会のいまと全然違う。

「離れ小島にいて外界でなにが起きているのかわからない、ということかしら」

「奥日光にいた高杉中佐は皇太子の軍事教育御用掛と学習院の軍事教官を兼ねている人ですね」

「軍事教育御用掛って？」

「まあ、いまでいえば体育の先生か部活担当の先生かな。それで高杉さんですが、有末中将という独自の情報ルートをもっていた。有末精三という軍人は、五十歳で中央でそれなりの地位にいるエリートです。参謀本部の第二部長という肩書。第一部長が作戦、英語でオペレーションで第二部長が諜報活動、インテリジェンスです。終戦のようなゴタゴタしているときには情報が錯綜する。でも有末中将のところにはかなり質の高い情報が集まっていたと思うのです。アメリカ軍がいつ来るのか。有末中将なら知っている……」

骨董の世界は不可解なところらしい。骨董屋を経営したことがある友人が言っていた。ふつうなら新しい生産物がつぎつぎと市場に出るのに、骨董品の顧客は同業の骨董屋であったりする。モノが増えるわけではないから骨董と呼ばれるものの九〇パーセントは偽物でひとつの世界をぐるぐる回っている。そう思ったほうがよい、素人は手を出すな、などと蘊蓄(うんちく)をたれるのである。

有末精三という人物を調べると、これがまたおもしろい。時代の曲がり角で思わぬ役割を演じていたのである。高杉中佐しかり。

「あなたのお祖母さまも、父上もしかり、です」

僕は若いときに一度、この有末精三という人物にインタビューしている。一九八二年の録音テープを書斎の資料の山から掘り出した。

有末精三は日本の陸軍大学校を卒業しただけでなく、イタリアのトリノ陸軍大学も卒業しているので、フランス語にもイタリア語にも精通していた。軍人というより役人、高級官僚の特徴を備えて、そつがなくあたりもやわらかだが表情が乏しくて本心がつかみにくい。陸軍の参謀畑を縫うように生き抜いてきた履歴は、強い引き締まった顎と相手を値踏みする細い眼から発する暗い光に現れている。

八月二十二日、占領軍の先遣隊を迎えるための責任者に有末中将は任命されている。つい二十日前、奥日光で少年たちに本土決戦になったときの自殺戦法を講義したばかりの彼が、敵軍を迎え入れる立場になった。有末中将はそんなめぐり合わせに、なんら疑問もためらいも抱かぬがごとく、むしろ進んで受け入れた。

連合軍陸軍連絡委員長という肩書をもらった。アメリカ側の意向は、日本を占領するための最初の先遣隊を派遣するが、海軍の厚木飛行場に着陸させたい、ということだった。アメリカの先遣隊を迎えるための交渉にプレ先遣隊のようなものをマニラまで行かせる必要があった。マニラへ向かったのは有末中将より少し先輩で参謀次長の河辺虎四郎中将だった。河辺中将がマニラで、いつこちらに来たいのか、いや、いらっしゃるのでございましょうか、と相手の意向をたしかめ、有末中将がそれに合わせて厚木飛行場の受け入れ態勢を整える、という分担である。

厚木飛行場は八月十五日の終戦を認めない叛乱軍に占領されていた。河辺中将がマニラで交渉している間に叛乱軍を制圧しなければいけない。河辺中将は、できるだけ占領軍の先遣隊が到着する日時を遅らせるための交渉、というより哀願する立場である。

そのあたりを有末中将や河辺中将が残した記録で整理してみよう。

厚木の飛行場にたてこもっていた将兵は、マッカーサー機が来たら体当たりするぞ、と気勢をあげていた。厚木は特攻隊の基地でもあった。死ぬ気でいる将兵が多かった。昨日まで体当たりせよ、と命じられていて今日からそれはなしだ、と言われても現場は納得できない。関東平野の熊谷基地などとも連絡を取り合っていた。不穏なおさえがたい空気がみなぎっていた。投降するよう説得したが応じない。一帯には戦闘部隊が一千名、訓練中の教育部隊が二千五百名いた。指揮命令系統が乱れているので、危険な兵士の数が正確につかめない。

昭和天皇のすぐ下の弟の秩父宮雍仁（やすひと）は陸軍に、つぎの弟の高松宮宣仁（のぶひと）は海軍に、それぞれ属していた。厚木飛行場は海軍だから高松宮宣仁が説得に駆り出されて解決の兆しが見えたので、有末中将は八月二十四日に厚木へ向かった。

雨あがりの甲州街道から自動車で厚木街道へ移動していると、飛行機から撒かれたビラが舞い落ちる。拾ってみればまだ、「徹底抗戦」「マッカーサー機へ体当たり」などと主張しているのだ。「鬼畜米軍の進駐、婦女子は山へ逃げろ」というものもあった。厚木へ向かう道すがら、泥んこの道を戦車がごとごとと動いて来てすれ違う。戦車のうしろから無表情で行軍して来る兵士たちがいる。

厚木の飛行場にたどり着いてみると、飛行隊司令部の建物の窓ガラスが全部、叩き割られていた。通信用の電話線もほとんどが切断されている。滑走路や格納庫には飛行機の残骸がくすぶっていた。

マニラへ向かった河辺中将の交渉はどうなっていたか。

沖縄の伊江島（いえじま）へ向かったのは八月十九日の早朝である。海軍の木更津（きさらづ）の飛行場を出発した一式陸上攻撃機は二機、八人ずつ搭乗していたから十六人である。日本の戦闘機で世界的に知られた零戦は小型機で二人乗りが標準である。一式陸上攻撃機は零戦に較べると双発機でもあり、かなり大型といえる。

零戦はゼロ戦と呼ばれるが正式には数字の漢字読みの零（れい）で、皇紀二六〇〇年につくられたから、年号の末尾が零なので零式戦闘機と名付けられた。皇紀二六〇〇年は昭和十五年、一九四〇年である。一式陸上攻撃機の一式とは翌二六〇一年につくられたので一式と呼ばれた。二五九六年、すなわち昭和十一年につくられた九六式陸上攻撃機は爆弾や魚雷を胴体の下、機体外部にとりつけていたが改良された一式は太い胴体内に格納できるよう進化したものだった。

その一式陸攻はアメリカ軍の指示で機体を白いペンキで塗装し、両翼と尾翼、胴体には緑のペンキで十字を描いた。赤十字ではなく緑十字にしろ、であった。

緑十字の二機は午後一時過ぎに沖縄・伊江島の上空に達した。すると米軍戦闘機が現れて伊江島の飛行場へ誘導した。沖縄はアメリカの支配下にあった。

徹底抗戦せよ、と命じられた沖縄の日本軍は九万四千人が死に、住民は十五万人も死んだ。沖縄の人口は五十万人だったから四分の一以上が犠牲になった。アメリカ軍も一万二千五百人の死者と七万人の負傷者を出した。戦闘終結宣言が出されたのは七月二日だった。

河辺中将ら一行は伊江島に着陸すると、すぐにアメリカ軍のC54輸送機に乗り換えさせられた。一式陸攻は双発でそれなりに大きいはずが、C54輸送機は片翼にプロペラが二つずつある四発で、胴体は較べものにならないぐらい膨らんでいて座席が三十二あり通路も広かった。せせこましい日本機で沖縄まで来て、ゆったりとした米軍機のなかに入ると、思わず「違うなあ」と口々に語り合った。座席のひとつひとつに真新しい水中救命具が整然と備えつけられていた。

マニラに着いたのは夕方である。米軍基地に連れて行かれた。アメリカ側はサザーランド中将が折衝にあたった。サザーランドはマッカーサー元帥の参謀長である。マッカーサーは現れなかった。八月二十三日までに厚木飛行場に先遣隊を送る、と言った。河辺中将は、叛乱軍の鎮圧をほのめかしてなんとか八月三十一日まで待っていただけないか、と哀訴嘆願するしかない。

その結果、三日間延ばしてもらい八月二十六日と決まった。有末中将が八月二十四日に厚木飛行場に着いたときは、とても先遣隊を迎え入れられる状態ではなかった。徹底抗戦の兵士の説得や滑走路の片づけなどに追われた。折からの台風も飛行場に風と雨をたたきつけ準備の遅れを助長した。アメリカの偵察機がしばしば低空で旋回していた。様子を見ていたのだろう。

予定日の前日、八月二十五日の夜にマニラから無電が入った。

「四十八時間の延期をする」

有末中将は、ため息をついた。

「たった二日。八月二十八日ということか」

準備体制はそれまでに整うだろうか。それも先遣隊の話にすぎない。「出てこいニミッツ、マッカーサー。出てくりゃ地獄へ逆落とし」のあのマッカーサーが、いずれやって来るのだ。海軍大将のニミッツ、陸軍大将のマッカーサー。開戦当初、マッカーサーは日本軍に追撃され、フィリピンからオーストラリアに撤退した。「アイ・シャル・リターン」と宣言した。復讐が怖い。

八月十三日にトルーマン大統領は、イギリス、中華民国、ソビエト・ロシアに対してポツダム宣言の降伏条項を履行させる権限をマッカーサーに与える、と提案して同意を得ていた。ソビエト・ロシアはアメリカに対して、マッカーサーだけでなくワシレフスキー極東軍総司令官も連合国軍最高司令官に任命するよう主張した。日本の占領統治を二頭立て馬車でやりたい、というのである。しかし、八月九日に突如、参戦したソビエト・ロシアはその提案が受け入れられるとは思っていなかった。西側と東側からドイツを挟み打ちにしたときの状況とは明らかに違っていたからだ。当然、アメリカは拒否した。だがソビエト・ロシアはことあるごとに日本の占領統治の〝分け前〟を要求した。

マッカーサーはこのとき六十五歳である。八月十五日の夜まで、自分が連合国軍最高司令官として正式に任命されていない。こころ穏やかではなかった。トルーマン大統領が日本の降伏を正式に発表したのは、八月十五日午前八時（マニラ時間）だが、マッカーサーは連合国軍最高司令官に任命されていることは知らないのだ。任命の通知は降伏の発表と同じ時刻のはずだが、なかなか届かない。

通知が届かないとしたら、海軍のニミッツ提督のところへ連合国軍最高司令官の通知が行っているのかもしれない。とんでもないことだ。日本占領の責任者にふさわしい軍人は自分をおいていない。いまかいまかと、文書による正式な通知が届かないかと待っていた。通知といっても電信なのだから、もう届いていなければおかしい。

マッカーサーは落ち着かず、寝室の外の階段の踊り場を昇ったり降りたりしていた。マッカーサーの二度目の妻、結婚して八年目、四十七歳のジーン夫人は心配して起きていたが、七歳の息子のアーサーは眠りについた。電信が届いたのは零時十分過ぎだった。八月十六日に日付が変わっていた。ジーン夫人は「おめでとう」と言った。帝王の苛立ちに息を押し殺して待機していた側近たちも、祝福の歓声を上げた。

マッカーサーは連合国軍最高司令官として厚木の飛行場に降り立つときの我が英姿を想像した。白頭鷲の軍帽、レイバンのサングラスにコーンパイプをくわえて、C54輸送機のタラップを降りる……。

八月二十七日に先遣隊は、十三機のＤＣ３輸送機の編隊でマニラを出発した。沖縄の伊江島で給油して厚木へ向かった。先遣隊は未開の地へ向かう探検隊のようにあらゆる荷物を積み込んだ。伊江島で一機が離陸に失敗して搭乗員全員が死亡したのも過積載のゆえであった。二十八日午前八時半、厚木の飛行場に到着した。

一機目が飛行場の反対の端に着陸したので有末精三中将は、息が切れるほど走った。先遣隊は百五十人だった。

先遣隊長の階級は大佐だった。自分より少し若い四十代半ばぐらいかと睨んだ。広い飛行場を見てもらっておいたほうがよいと考え、自分の乗って来た自動車に同乗してもらって、一巡して宿舎まで案内することにした。

先遣隊長は、飛行場内のところどころに木の柵に縛りつけてある金属の物体について質問した。戦闘機のエンジンを外したのだ、と説明した。プロペラも向こうに積んである、と指さした。たしかに予想以上の数の航空機があったが、みなプロペラがない。特攻を志願する兵隊が、発作的に、操縦桿を握らないともかぎらない。マッカーサー元帥の飛行機に体当たりするぞ、と叫んでいた兵士もいた。不穏の空気というしかない。顔や格好だけでは判断できないのだ。だからエンジンを機体から外して飛べないように処置した、と説明した。

飛行場を案内していると、白い夏の制服を着た海軍の兵士の一隊が警棒を片手に、自動車に背を向けて並んでいた。先遣隊のアメリカ兵に飛びかかって来る兵士を警戒するためである。後ろを向いているのはそのためだ。一人が急にこちらへ向き直って右手で敬礼した。

「彼らは何者か。そしてなぜに銃をもたずに警棒をもっているのか」

先遣隊長が質問する。有末中将は驚くべき内情を無表情に語った。

「昨晩まで、武装解除の説得をつづけたのです」

それからつけ加えた。

「天皇陛下の命令にしたがわなければいけない、と諭したのです」

そして、もっとも重大で気がかりな心配ごとを切り出した。

「アメリカによる占領軍は、日本国内で軍票を使用することをやめていただきたい。せつにお願いいたします」

通貨は円かドルである。軍票は、第二通貨といえる。日本軍もアジアの占領地で軍票を発行して物資を調達した。現金の代わりに軍票を渡した。しかし、戦争に負けると軍票はただの紙切れでしかない。アメリカの占領政策で軍票が使われると、日本銀行の発行する通貨の価値が下がりインフレーションを引き起こす。ここはどうしても訴えなければならない。大蔵省から、念を押されていた。

有末中将は、先遣隊長の顔色を上眼づかいでとらえながら、深々と頭を下げた。

「必要ならば、一千万円の現金を準備してございます」

先遣隊長は即座に明言した。

「軍票はもっているが、先遣隊のものはこの飛行場外には一歩も出しません。つまり外出を禁止しますから、軍票を使うことはない。マッカーサー元帥からもくれぐれも日本人とのトラブルをさけるよう命ぜられていた。その点は安心してくれ」

安堵の胸を撫でおろしてから、申し出た。

「お口にあうかどうかわからぬが、サンドイッチを百五十人分準備しており、日本のビールも準備しておきました」

ニべもなく断られた。

「食糧は全部携帯しており、その心配には及ばない。酒は禁止している」

日本側が提供する食糧には毒が入っているかもしれない。食べるなと命じられていた。

ほかに必要なものはないか、と質問した。トラック、自動車、運転手、ブルドーザー、横浜での住居、通信や電話施設、その他いろいろ。用件が告げられ、英文のリストが手渡された。

最後に有末中将がこれまで以上に、さらにていねいな口調で訊ねた。

「芸者は幾人ほどご用意したらよろしいのでしょうか」

隊長はぶっきらぼうに答えた。

「マッカーサー連合国軍最高司令官には芸者は必要ない。夫人が同行する」

マッカーサーが連合国軍最高司令官として厚木の飛行場に降り立つのは先遣隊が準備体制を敷いてから二日後、八月三十日午後二時過ぎだった。

厚木の上空に近づいたときマッカーサー元帥は下界を見下ろした。C54型機は、鎌倉の大仏のうえを越え、整った円錐形の富士山の上空を旋回して厚木へ向きを変えた。隣の席に坐っていた腹心のコートニー・ホイットニー准将は、一瞬、凍りついた。

「われわれはほとんど木立すれすれの高度で飛行場を旋回した。飛行場と、平坦な関東平野のひろがりを見渡したとき、多数の高射砲陣地が眼についた。この距離では、高射砲が外れることはありえない。貪欲な戦場の怪物、死は無数の戦場でマッカーサーを見逃したあげく、結局おしまいに彼を殺してしまうのだろうか。わたしは息をのんだ」

飛行場はところどころに空爆によって生じた穴があいていた。わずか半月足らず前、若い命を無残に散らすためのカミカゼ特攻隊が飛行訓練をしていたところである。多数の高射砲陣地のなかのたった一つ、たった一人の兵士が、もし高射砲に砲弾を込めて発射したら……。

敵地に着陸したのである。だからこそ、マッカーサー連合国軍最高司令官は平静を装ってタラップを降りた。コーンパイプを口にくわえて。タラップの途中で立ち止まり、余裕を示すように左右を見渡した。空は青く、千切れ雲がやわらかい綿毛のようにふわふわと浮かんでいる。コンクリートの滑走路にかげろうが揺らめき立ちのぼっていた。

評伝に書かれている通りなら、「二百人近い報道陣、カメラマン――大半は日本人だった――が飛行機に駆け寄った。扉が開くと、空挺隊のバンドが威勢よくマーチを演奏した。マッカーサーは二歩タラップを降り、コーンパイプを二度ふかし、パイプと軍帽に格好をつけてカメラマンのために芝居がかったポーズをとった」ということになる。

ホイットニー准将は、これから先、どこへ向かうのか、まだ不安にかられていた。「うしろの方には、見たこともないおんぼろ車両が並んでいた。それが横浜までの道のため日本側がかり集めた最善の輸送機関だった。マッカーサーは何年製のものかも定かでないアメリカ製のリンカーンに乗り込み、他の将校たちもがたがたの自動車の列におさまった」

マッカーサーは、すぐに首都を目指したわけではない。事前に日本側につたえられた指示では総司令部は横浜とされていた。政府は各省と協議して「横浜で敵を食い止め、帝都には一兵たりとも入れぬ」、つまり多摩川を越えさせないという方向で、神奈川県庁へ通達を出している。

総司令部は横浜税関に置かれた。日本側の画策は功を奏したかのように見えた。マッカーサーは厚木から横浜のホテル・ニューグランドへと向かった。

旧式の赤い消防車はサイレンを鳴らしっぱなしで、そのうしろにマッカーサー一行の車列がつづいた。マッカーサーにはおんぼろのリンカーンがあてがわれた。それでも車列のなかでは群を抜いていた。あとは木炭車ばかりで、スピードが出ないだけでなくしばしばエンジンの調子が悪くて止まってしまう。厚木から横浜まで二時間もかかるとは予想もしなかった。

おんぼろリンカーンに同乗したのは、マッカーサーのつぎに階級が高いアイケルバーガー中将である。彼はふとマッカーサーが拳銃をもっていることに気づいた。戦場の前線でも丸腰なのに、初めて見た。アイケルバーガー中将自身も、乗車する前に空挺部隊の兵士から手榴弾を一発もらって握っていた。

横浜までの道路には、両側に銃剣を携えた完全武装の日本軍兵士がうしろ向きで立っている。並木の代わりのように兵士がいる。マッカーサーに背を向けているのは、天皇を護衛するときとまったく同じやり方だった。兵力は二個師団、三万人の兵士だった。

マッカーサーの一行は一千二百人にすぎない。うしろ向きの完全武装の兵士は護衛には見えなかった。ひとりでも振り返り、銃口を向けたら……。手強そうな兵士に警戒心をゆるめることができなかった。

横浜は徹底的に破壊されていた。ルメイ将軍の考えた焼夷弾は東京だけでなくここでも効果を発揮しすぎて、幽霊の街、人影のないからっぽの街になり、占領軍の宿舎の確保もままならない。ショーウィンドーは板張りにされ、歩道は荒れ果てていた。

ホテルは山下公園の前にある。マッカーサーはかつて、昭和十二年に新婚のジーン夫人を伴ってこのホテルに泊まったことがあり、どんなところか知っていたのである。一帯は廃墟だが四階建てのホテルは以前と変わらぬ佇まいで残っていた。日本側が用意した速度の遅いリンカーンは炎天下を三十キロも走ってきた。早く懐かしいホテルで休養をとりたいと思っていた。

ホテル・ニューグランドの一帯はたちまち通行禁止とされた。玄関に着くと燕尾服に縞のズボン姿の老人が深々とお辞儀をした。マッカーサーは「おまえはこのホテルの支配人をどのくらいつとめておるのか」と訊ねた。七十五歳の野村洋三は「わたしは支配人ではなくオーナーです」と答え、幾度もお辞儀をくり返し、「ご案内する部屋がお気に召すとよろしいのですが」と小走りに廊下を先導した。案内されたスイートは最高級のはずだが思ったより天井が低かった。

部屋に入ったマッカーサーは、横になった。廊下に百人余りの将官が部屋の割り当てを求めて大声で右往左往している。とても眠れない。銀杏並木の枝ごしに横浜港を一瞥すると、ルームサービスのベルを鳴らした。三人のメイドが蝶のように舞い込んできて、あとから野村が現れた。食事をしたい、とマッカーサーは告げた。

ホイットニー准将は、マッカーサーの部屋の前で立ち止まった。昂ぶった声が聞こえ、ドア越しに耳を傾けた。対敵情報部長を呼びつけ、命じている。

「東條をただちに逮捕しろ。逮捕して監禁せよ」

食堂へ向かった。メニューは、スケソウダラとニンジン、タマネギ、馬鈴薯の野菜類に冷凍クジラをステーキ風にしたものだった。野村はせいいっぱい歓待したつもりだが、マッカーサーはひと口食べるとフォークをおいた。

こうして厚木の飛行場から横浜へ、スムーズに事態は進むが、『現代ヨーロッパの内幕』や『アジアの内幕』などの著作で知られるジョン・ガンサーは、当時、アメリカの軍事専門家や日本研究者たちが「マッカーサーが恐るべき危険を犯していると考えた」と、一九五一年（昭和二十六年）の著書『マッカーサーの謎』のなかで述べている。

「何年もゲリラ戦は続くだろう。アメリカの統治者は四六時中、厳重な護衛がなければその身辺の安全を期し得ないだろう。日本人はレジスタンス戦法に出て、それと同時に最も残虐な組織的匪賊行為をあえてするだろう。日本全土は、アメリカの征服者に対する永遠の憎悪の炎に燃え上がるだろう」

こんな心配が本気で語られていた。だから、「マッカーサーが、ごくわずかのアメリカの空輸部隊の到着を待たずに、東京湾のミズーリ艦上で、日本の降伏を受け入れると決定したことに対しては、近代史上最大のばくちとさえいわれた」のである。

しかしマッカーサーはゆうゆうとホテル・ニューグランドに三晩泊まり、戦艦ミズーリでの九月二日の調印式に臨んだ。

いっぽう有末中将もまた多忙をきわめた。連合軍陸軍連絡委員長として戦艦ミズーリでの調印式へ向かう日本代表団を、アメリカの駆逐艦に送り込む仕事が待ちかまえていた。外務大臣の重光葵(まもる)と梅津美治郎参謀総長(陸軍大将)の一行八名は早朝五時に東京を発して午前六時には神奈川県庁についた。東京からの道筋は見渡すかぎり廃墟だった。調印式は午前八時からの予定である。

有末中将は前日まで八方手をつくした。手に入ったのはモーターボート一隻と小蒸気船が一隻だけだった。戦艦ミズーリは横須賀沖合十八マイルに錨を下ろしている。これではどうしようもない、と思案していたら前日の夜になって、アメリカ海軍連絡部長から駆逐艦ランスダウン号を用意すると返答が入った。どうにか間に合った。

午前六時四十五分、降伏文書調印の日本代表団はそのランスダウン号に乗って岸壁を離れ、調印式が行われる戦艦ミズーリへと向かったのである。港外へ出るとかつて砲弾の猛火を降らせた敵の大小の軍艦が静かな海鳥のように無数に浮かんでいた。


骨董通りのオープンカフェには緑色のパラソルが等距離に開いて光を遮っている。床の焦茶色の板敷きは船の甲板に似ていなくもない。

「有末さんは、役人としてけっこう任務に忠実にはたらいていたことがわかったんだ」

「マッカーサー元帥が厚木で飛行機から降りるときの写真はなんとなく見た記憶があるんですが、そんな一触即発のぴりぴりした空気のなかでのことだとは知りませんでした」

「でも僕も、今回の日記のことがなければ奥日光の山のなかでなにが起きていたか、知るきっかけがなかったんですよ。おかげで頭のなかに散在していたいろいろな記憶がつながってきました。僕はね、一九九一年のことなんですが、テレビの仕事でパールハーバー五十周年の記念行事が開かれるのでハワイへ取材に行ったんです」

日本軍によるハワイの真珠湾奇襲は昭和十六年十二月八日だった。アメリカ時間では一九四一年十二月七日である。一九九一年は五十周年にあたる。たった一時間の奇襲でアメリカ軍の水兵が二千五百人も死んだ。その追悼行事がパールハーバーで行われた。

テレビの仕事を終えほっとしていると現地の消息通が僕に耳打ちしてくれた。翌十二月八日に戦艦ミズーリが一般公開されるらしい。戦艦ミズーリは、パールハーバー五十周年行事が最後の務めで、〝退役〟することになっている。

翌日、鉄条網で囲まれた基地の入口に行くと、チケットを出せ、という。そんなものがどこで配られているかわからない。軍関係者の家族サービスの日なのだろうか。さいわいプレス・パスをふりかざしたら納得してくれたが、こんなところに日本人がなにしに来たのか、と訝(いぶか)しく思ったのかもしれない。

巨艦を見上げると、南の国のきつい陽差しがはるかかなたの艦橋頂部あたりでキラリと反射した。タラップを汗をふきふき登っていく。甲板上の十六インチ砲が五、六門、ずーんと突き出ていて、船体とのバランスを欠くと思われるくらい大きい。

一九四一年の暮れに戦争をしかけ、四年後の夏に敗北の屈辱を味わった日本のリーダーはどんな気持ちでこの甲板上に佇んでいたのだろうか。降伏文書調印の代表団のトップは二人、絹の山高帽にアスコットタイ、モーニングコートという外交官の正装をしていた重光葵外務大臣、軍服姿の梅津参謀総長である。

重光葵が、喉が渇いていたので水がほしいと所望したところ冷たく拒否された、というくだりを思い出した。負けるということは、そういうことなんだ、僕は妙に深く納得してしまった記憶がある。

　帰国したその日に、書棚をかきまわして外交官・加瀬俊一の回想録をひっぱり出してみた。なんとなく読みとばしていたような気がしていたが、たしかめずにはおれない心境になっていた。加瀬が重光外相に随行した当時の肩書は内閣情報局第三部長である。

　重光外相は隻脚であった。昭和七年、上海事変の余燼がくすぶるなか、同市の公園で天長節（戦前の天皇誕生日）の式典が開催されたが、そのときに併合に抗議する朝鮮人の投げた爆弾によって右の足を腿から切断する不運に見舞われている。

「重光全権が、ステッキをたよりに重い義足を引きずって、一歩一歩喘ぐようによじ登る姿は、実に、痛ましかった」

　水がほしい、というのは、だから当然の欲求なのだ。状況は敗者に苛酷であった。

「上甲板は黒山の人だった。われわれは両全権（重光と梅津）を最前列にして、そのうしろに三列に並んだ。すぐ前には緑の布におおわれたテーブルの上に降伏文書と覚しき書類が置いてあり、これをはさんで、戦勝国代表が一団になって立っていた。赤、青、緑、金、茶と色とりどりの服装に、肩章・徽章・勲章が眩しく輝く。周囲には褐色の軍服を着た米軍の将官が立ち並び、燃えるような憎悪の眼――とわたしは思った――を光らせている」

憎悪の眼、は甲板ばかりではなかった。大砲の上に跨がったり、煙突の梯子にぶら下がったり、〝観衆〟はありとあらゆるところに、曲芸の猿のような格好で鈴なりになっている。将校も水兵も記者もカメラマンも、露骨な敵意と無限の好奇心をもって日本全権団の一挙手一投足を見つめていたのである。

加瀬は「彼らの視線が鋭い矢になって、皮膚をつらぬき、肉を裂き、骨を刺すのを感じた」と記している。「その矢は幾千本であり、幾万本」にも感じられる。

「生まれていまだかつて、人間の視線がこれほどの苦痛を与えるものだとは知らなかった。私は歯を食いしばって屈辱感と戦いながら、冷静を失うまいと必死に努力した」

重光と梅津が署名し、マッカーサーが文書に署名したのは午前九時八分だった。連合国代表はアメリカ、中華民国、イギリス、ソビエト・ロシア、オーストラリア、カナダ、フランス、オランダ、ニュージーランドの順で署名した。

全代表が署名を終えると、マッカーサーは前方に歩を運んで静かに宣した。

「いまや平和は回復され、神の守護がつねにあらんことを諸君とともに祈りたい」

それから日本代表団に向かって、素っ気なく言った。

「式は終った」

するとそのとき、頭上に耳を聾(ろう)する爆音が轟いた。四百機ものＢ29が空を覆ったのである。さらに一千五百機の航空母艦の搭載機がつづいた。

帰途、加瀬俊一は調印式の経過を駆逐艦の一隅に座を占めて急いでまとめた。重光全権はそれを持ってただちに皇居へ向かった。


骨董通りのオープンカフェでは、緑のパラソルの合間から立ち並んでいるビル群が見える。

「あの六階建てのビルの屋上までエレベータを使わずに階段を昇るとたいへんでしょ。重光さんの片足は木製の義足ですからね。水をくれ、と思わず言った。でも拒否された」

降伏文書の調印式は九月二日、夏が過ぎたとはいえない。

「秋口とはいえ早朝はかなり涼しかったようですが、午前八時ごろになると海のうえの船の甲板ですから紫外線が強い。戦艦ミズーリのタラップを昇るのは相当にきついと思うんだ」

ブルーのテーブルクロスのうえに置かれたグラスに視線が注がれた。もうひとつのグラスに紅の色がくちびるのかたちに薄くついている。

「実際にハワイの炎天下でタラップを昇ってみて、僕も喉がかわいた。健康体であってもね。負けるということがいかに屈辱的か、いかに辛いものなのか、少しだけ追体験したわけです」

「Ｂ29の大編隊が、ぴたりと式の終るその瞬間に飛んできたんですか」

「ええ。いまも記録映像として残っています」

焼夷弾の「美しさ」についてのイメージを共有しているので、Ｂ29の威力も互いに身近なものに感じられる。Ｂ29が四百機も戦艦ミズーリの上空に現れた。三月十日の東京大空襲のときの三百機より多い。

「マッカーサーは横浜のホテル・ニューグランドに着いて、すぐに東條英機を逮捕しろ、と命じたんですか。そのとき昭和天皇を逮捕しろと言わなかったのは、なぜですか」

「そこですよね。奥日光にいた高杉中佐が知りたかったのは、まさにその情報のはずですよ。昭和天皇を逮捕しない、とわかれば皇太子明仁もアメリカ軍に連れ去られる心配はないわけですから。ご存知ですか。日本では八月十五日に終戦記念日の行事が行われるが、中国では戦勝記念日は九月三日です。九月二日の翌日から三日間を抗日戦争勝利記念の休暇にしたからです」

「それ、知りませんでした」

「たしかに降伏文書に調印してはじめて戦争が終った、と考えるのが国際法的には自然でしょうね。八月十五日から九月二日までの二週間とちょっとの間は下克上の期間であり、なにが起きても不思議ではなかったと思う。にもかかわらず、特段の大きな事件は起きていない。僕はどこかでマッカーサーは、確信したと思うんだ。天皇を温存すれば秩序が維持できる、日本占領のコストを下げることができる、とね」

「占領のコスト?」

「人的被害です。沖縄戦で、島全体が戦場になったから攻めるアメリカ軍もかなりの犠牲者を出した。それを日本列島の全部でやったら、上陸作戦で百万人のアメリカ兵の死傷者が出るかもしれないと見積もられていたようです」

戦艦ミズーリのうえでマッカーサーは勝利の昂奮に酔いしれていたであろう。百万のアメリカ兵の犠牲を未然に防いだのだから。

日本代表団が立ち去り、B29の大編隊の轟音も遠く消えたとき、マッカーサーはマイクロフォンの前に立った。アメリカ国民へ向かってメッセージを発するためだ。こころにくいほどの演出である、その内容を含めて。

「砲声はいまや鳴りやんだ」

甲板のうえに明瞭な声が響いた。

「大いなる悲劇は終わりを告げた。偉大なる勝利はかちとられた。空はもはや死の雨を降らさない——海は通商だけをささえている——人びとはいたるところ太陽の光を浴びてまっすぐに歩いている。全世界は静かに平和である。聖なる使命は完了した。このことを国民諸君に報告するにあたって、わたしはジャングルや、海浜や、太平洋の深海に永久に消えて、道を明示した数千数万の声なきくちびるに代わって語っているのである。またわたしは将来を惨劇の瀬戸際から救い出すことに多くの貢献をし、いまや、その挑戦に応じて帰国の途にある勇敢な無数の数百万の人びとに代わって語っているのである」

アメリカのワシントンでも、またマッカーサー自身も、ついこの間まで、ヒトラーが自殺してナチス・ドイツが降伏したときにさえ、日本との戦争の終結はまだ先で戦闘は昭和二十一年（一九四六年）の秋までつづくものと見積もられていた。ニューメキシコ州の砂漠で原爆実験に成功したのは一九四五年七月十六日だった。その後の経過は予想をはるかに上回るスピードで進んだ。それでも日本がポツダム宣言を受諾して無条件降伏をするとしても真夏ではないとみられていた。

だがもはや戦闘は終結したのである。

マッカーサーはひとまず横浜税関に連合国軍総司令部を置いた。九月八日にホテル・ニューグランドを出て東京へ向かった。赤坂のアメリカ大使館は、大使館も公邸も、戦争中、破壊されずずっと封印されていた。天井の一部に穴が開いていたが、アメリカ軍の落とした爆弾による被害であった。もちろん、天井を張り替え、埃を払い、内装を施さなければいけない。

マッカーサーはふたつのことを考えた。横浜のホテル・ニューグランドに着いたとき、真っ先に命じたことがひとつ。「東條英機を逮捕せよ」である。

もうひとつ。戦争ではなく占領地の運営をどうするか。経営と言い換えてもよい。マッカーサーには権力が与えられているが、権力を使いこなせるかどうかは未知数である。

すでに記したが、ポツダム宣言受諾にあたって日本側はもめにもめた。昭和天皇が御前会議で、受諾したい、と述べたのは八月十日だった。「天皇の国家統治の大権を変更しない」との条件付きで受諾している。そのときの連合国軍側の回答は、日本側の要望とは違っていた。回答はアメリカのジェームズ・バーンズ国務長官の名前で出されている。

「降伏の瞬間から日本国を統治する天皇と日本政府の権能は連合国軍最高司令官に従属し、連合国軍最高司令官は、降伏条件を実施するに必要と認める措置をとる」

連合国軍最高司令官はマッカーサーである。「日本政府の権能」はマッカーサーに「従属」するのだ。日本の陸軍はサブジェクト・トゥを「従属」ではなく、「隷属する」と訳した。外務省は「制限の下に置かれる」と訳したが、表現がやわらかく見えるけれども機能に変わりはない。

マッカーサーは独裁的な権力、前例のない大きな権力を手にしたのだが、求められているものはいまは軍事的才能ではなかった。経済、政治および行政についての手腕だった。マッカーサーには手助けが必要だった。その人物はすでにマッカーサーのこころのなかに定められていた。なぜなら、「砲声はいまや鳴りやんだ。大いなる悲劇は終わりを告げた。偉大なる勝利はかちとられた」という戦艦ミズーリにおける降伏調印式の名演説を書いた男がつねに横にいたからである。

マッカーサーが最も信頼していた男は、身長が百六十八センチでずんぐりした赤ら顔、性格は短気だと誤解されているが、それは部下にいつも性急に結論を求めたからだ。頭髪が薄いので実際の年齢よりも十歳ぐらいうえに見られるのは、その行使する権限にはちょうどよかったのかもしれない。四十八歳の彼の語り口はソフトで、要点をつかむのが早く、話の運び方もわかりやすかった。マッカーサーには解決すべき課題はつねに山積していたが、手際のよい処理によって用件の在庫の山はたちまち片づくのである。

マッカーサーの信頼の度合いをはかるエピソードを、その男自身が記している。

「降伏調印式の前夜、わたしはマッカーサーと最終的な細目の打ち合わせをしたが、そのときマッカーサーは、わたしのペンを借りたいといった。わたしは長年持っていたシェーファーを出して彼に渡した。わたしは単にマッカーサーが何か私用の手紙を書くのにわたしのペンが必要だったのだと想像して、それ以上のことは考えなかった。しかし式が終って、われわれが横浜の仮事務所に帰ったとき、彼は突然ポケットからさっきのペンを取り出して、何気なく、『コート、これ、君のペンだ。返すよ。わたしは降伏文書に署名したとき、このペンでMACと書いた。そしてARTHURと書くのにはジーン（マッカーサー夫人）のペンを使った。そのジーンのペンは、いつかアーサー（令息）が持つようにしまっておきたいと思っている』」

マックと書いたペン、アーサーと書いたペン、二つのペンは同じ重みである。

マッカーサーが厚木の上空から飛行場を見下ろしたとき、隣の席に坐っていたコートニー・ホイットニー准将は、第一生命ビルの総司令部でもつねに〝隣〟にいた。ホイットニー准将はマッカーサーの部屋に自由に出入りできた。太いペンで書かれた文字は、しばしばマッカーサー自身のものかホイットニーのものか、見分けがつかないぐらいによく似ていた。文書を渡された者には、それがどちらでも同じことなのだ。

マッカーサーはアメリカ大使館公邸の自室で、フルーツ、オートミール、卵、トースト、コーヒーとほぼきまったメニューで朝食をすませると、午前八時三十分には仕事をはじめた。重要な公文書に眼を通すのが一日の始まりである。すると第一生命ビルの総司令部から電話がかかってくる。早朝に出勤したホイットニーが、ワシントンをはじめ、各地から集められた電報などの情報の整理をして、マッカーサーに報告するのである。

アメリカ大使館公邸の玄関に待機している黒塗りの一九四一年型キャディラックにマッカーサーが乗るのは午前十時三十分で、一分のくるいもなかった。霊南坂を下り、霞が関の大蔵省を左に、焼夷弾で焼け落ちた海軍省の廃墟を右に眺めながら桜田門の警視庁を右に折れ、お濠端をスズカケの並木に沿って白い石造りの第一生命ビルへすべって行く。要所に警官が立ち信号はすべて青に切り替えられていた。

マッカーサーが六階でエレベータを降りると、いつの間にかホイットニーは歩幅を合わせて並んで部屋に入った。ホイットニーが入ると話し込んでいて一時間も二時間も出て来ないときもあった。

ホイットニーはマニラで弁護士業を営んでいた。軍隊の経験はあるが、生粋の軍人ではなかった。軍務のかたわら大学の夜間部で法律を学び、弁護士の資格を取った。陸軍航空隊でフィリピンに赴任したときは中尉で二十七歳、士官学校出身とは違うのでマニラに二年間滞在したのちに帰国せず、弁護士を開業した。新開地のマニラはフロンティアで、名声もコネもない一匹オオカミのホイットニーには向いていたのかもしれない。ニューヨークやワシントンのエリート弁護士とはひと味違う、マニラの路地裏を知り尽くした弁護士のホイットニーは、マッカーサーの信頼を得る資格をもつ必然性があった。

マッカーサーは若いときから将来を嘱望されたエリート軍人だった。父親はフィリピン軍政総督であり、陸軍士官学校を卒業すると赴任地としてフィリピンを選んだ。その後、フィリピン軍管区司令官など通算で十三年もフィリピンに駐在している。エリートのマッカーサーは一九三〇年に、ハーバード・フーバー大統領から五十歳で参謀総長に任命された。史上最年少の参謀総長と話題になり、その後、フランクリン・ルーズベルト大統領は予定の任期を一年延長した。一九三五年まで五年間も参謀総長をつとめたマッカーサーにはつぎの任務が待っていた。退役後、フィリピン国民軍の創設に関わり元帥としてマニラに渡るのである。四度目のマニラだった。日本軍の脅威に備えるためだった。

アメリカにとって、日本軍によるパールハーバーの奇襲は文字通り、奇襲だった。アメリカ側は、奇襲されるとしたらまずフィリピンのアメリカ軍基地がやられると信じ込んでいた。フィリピンのアメリカ軍基地は、日本の南進には邪魔な存在だからである。

マッカーサーは、マニラに幅広い人脈をもつ弁護士のホイットニーを知り、陸軍航空隊の法務部次長に就任させた。大尉で軍隊に復帰したホイットニーは、日米開戦後、オーストラリアに撤退したマッカーサーと行動をともにした。一九四三年には大佐に格上げされ、フィリピンの抗日ゲリラ部隊の組織化に成功していた。

マニラが陥落したのは終戦の年、昭和二十年（一九四五年）二月である。マニラの復興には行政組織の組み立てが不可欠だった。日本本土より一足早く戦争が終った。そのとき必要な才能はなにか。軍人ではなく民政を敷くのだから、法律家がいなくてはいけない。マッカーサーはホイットニーを、弁護士としてだけではなく、マニラの住民感情もよく知り、ともに日本軍と戦った経験も含めて、自分の考えを整理する対話の相手に選んだ。自問自答は、ホイットニーとの対話によって深まった。戦艦ミズーリの名演説は、ホイットニーが書いたが、ホイットニー自身がつくったのではなく、二人の対話で練り上げられたものだった。マッカーサーにとってホイットニーは人格の内部に入り込んで存在感を増していた。

骨董通りのカフェの、紺色のテーブルクロスのうえに温かいコーヒーが置かれた。話が少し長くなったのでもう一度、注文した。奥日光にいた高杉中佐から有末中将へ、アメリカ軍が攻めて来たら、という情報を辿っていくうちに、マッカーサー元帥が現れた。戦艦ミズーリの降伏文書の調印式まで来たら季節は九月。

「この九月がひとつのヤマ場だったのではないか。奥日光では、金精峠を越える訓練をやめて様子をみていたようです」

「もう攻めて来ない、とわかったんですね」

「いや。マッカーサーがなにをはじめるのか、日本政府側はつかめないでいる。東條英機を逮捕せよ、と命じたことは日本側はつかんでいない。アメリカ軍内部でも極秘で進めていたからね」

「東條逮捕という指令がわかっていたら、天皇は大丈夫ということになるのでしょうか」

「そう。そこなんだね。東條と天皇を別に扱うとわかれば、占領方針が見えてくる。どちらにも責任があるのだけれど。マッカーサーが、ホテル・ニューグランドに着いてすぐに東條を逮捕せよ、と言ったことの意味は大きい」

ポツダム宣言では「日本国の軍隊は、完全に武装を解除」「戦争犯罪人に対しては、厳重な処罰が加えられる」と記されていた。

「軍隊の武装を解除すること。戦犯に処罰を加えること。これがポイント」

「戦犯の処罰って、裁判をするってことですね」

「その主導権が問題なんです」

マッカーサーがマニラを出発して沖縄の読谷（よみたん）飛行場についたのは八月二十九日である。読谷飛行場ではつぎつぎと発進する飛行機の騒音でマッカーサーは眠りにつけなかった。翌三十日の夕方、ホテル・ニューグランドで、東條を逮捕せよ、と命じた根拠はワシントンでつくられた「初期対日方針」のつぎの一文にある。

「連合国の捕虜または他国民を虐待した者を含む、最高司令官または連合国の適切な機関によって戦争犯罪人として告発された者は、逮捕され、裁判に付され、有罪とされた場合は処罰されなければならない」

ワシントンの方針は、「最高司令官または連合国の適切な機関」と、少し曖昧な表現になっていた。マッカーサーは、自分が「最高司令官」で、こんな危険を冒して、拳銃を思わず握りしめておんぼろリンカーンに乗ってきたのに、「連合国の適切な機関」とはなにごとか、と怒ったのではないか。

「つまり、さっさと東條を逮捕する。連合国軍最高司令官のマッカーサーが逮捕したんだぞ。そう見せる必要があったと思う。連合国といったって、ナチス・ドイツをやっつけたヨーロッパと違って、イギリスやソビエト・ロシアはなにもしていない。アメリカ軍が犠牲を払って日本を占領しているんだ、ということをはっきりさせたい。そのためにも東條逮捕を急がなければいけない」

「マッカーサーは堂々としていたと思っていましたが、ホイットニーさんのような緻密な影武者がいるものなんですね」

「じつはね。そのホイットニーの右腕になる人物が、お祖母さまの日記に、突然、現れるんです。それから毎日のように……」

第四章　天皇の密約

マッカーサーが厚木の飛行場に着く八月三十日の前日のことだった。

八月二十九日午後一時四十分、皇居内のコンクリートの平屋づくりのお文庫と称する建物に昭和天皇の居室があったが、内大臣木戸幸一が呼ばれた。

木戸幸一は昭和天皇よりひとまわり小柄で、年齢はひとまわり上の五十六歳だった。縁無しのメガネに口髭、いつも蝶ネクタイを締めていた。明治維新の功労者、木戸孝允（たかよし）の孫で侯爵である。

内大臣とは、外の政府に対して内側の宮廷との橋渡しをするポストであり、人物の品定め、情勢の判断も隠れた任務であった。首相であっても、軍の幹部であっても、内大臣を通さないと昭和天皇に会うことはできなかった。

ずっともの思いに耽（ふけ）っていた昭和天皇は、お側用人を自任する木戸幸一にこう心情を打ち明けた。

「戦争責任者を連合国に引き渡すのはまことに苦痛にして忍びがたきところなるが、自分がひとり引き受けて退位でもして収めるわけにはいかないだろうか」

自分が退位さえすれば、日本の政治と軍事の指導者たちの責任は問われないかもしれない、というのである。日本の歴史のなかで、天皇でも武将でも敵に敗れたとき、あるいは恭順の意を示して地位を退く際には、出家をして隠棲する、というやり方があった（公爵で元首相の近衛文麿は、十月下旬に昭和天皇は退位して仁和寺(にんなじ)にお入りになればよい、と外国通信社の記者に語っている）。

四年前の昭和十六年十月十八日、近衛文麿内閣の総辞職を受けて陸軍大臣の東條英機に組閣を命じたのは昭和天皇だった。日米開戦の急先鋒の東條陸相を首相に任命して、日米交渉をつづけさせることで陸軍の突き上げをかわして開戦を回避できないか、とアイデアを提供したのは木戸内大臣だった。

東條を首相に任命するにあたって、昭和十六年九月六日の御前会議の決定を再検討せよ、という命題を与えたのである。九月六日の御前会議で、近衛を首班とする政府と陸海軍を統率し指揮する統帥部（いわゆる大本営。大本営陸軍部は参謀本部。大本営海軍部は軍令部）などの責任者が集まって「帝国国策遂行要領」を決めた。十月下旬に日米開戦を予定するという厳しいものだった。御前会議では天皇は坐っているだけで、直接、意見を述べない〝君臨すれども統治せず〟というシステムである。責任を回避するシステムと言い換えてもよい。御前会議は承認儀式のようなもので、根回しの段階で口をはさまないかぎりは異議を唱えられない。

昭和天皇は、九月六日の御前会議では間接的な意思表示をするほかはなく、明治天皇がつくった歌を二度、詠み上げた。

四方（よも）の海　皆同胞（はらから）と思ふ世に　など波風の　立ち騒ぐらむ

そしてひとことつけ加えた。

「朕はこの御製を拝誦して大帝の平和愛好の精神を紹述せんと努めている」

九月六日の決定は、開戦強硬勢力の東條陸相に優柔不断の近衛首相が押し切られた結果だった。だから、その東條を首相にすることで九月六日の決定を白紙還元させようと考えたのである。

木戸のような策士には、軍事のみ一本槍の東條陸相につけいる隙が見えた。東條陸相はきまじめな人物で、天皇に対する忠誠心はひと一倍に厚い。少なくとも昭和天皇の前ではウソはつかない。

だから、東條を陸相から首相に変えてしまえば昭和天皇の意向に従わざるを得ないはず、と踏んだ。昭和天皇は、なるほど、リスクをとらなければ事態は打開できない、という意味合いで言った。

「虎穴に入らずんば虎児を得ずだね」

だが東條は、結局は陸軍の官僚にすぎず豪腕ではなかったから、彼の先輩や後輩の軍人たちの高揚した気分に押し切られてしまう。昭和天皇は、開戦を決定した十二月一日の御前会議では終始無言、沈鬱な表情をしていた。ところが開戦当初の華々しい戦果もあり、少し浮かれた気分になったことは事実である。

あれから四年が過ぎたのだ。東條を選んだことは木戸の提言とはいえ自分が犯した重大な判断ミスだった。立憲君主制といえども選んだ最終責任は、やはり自分自身にある、と認めるほかはない。日米開戦の詔勅は昭和天皇の名で発せられているのだから。

「退位して収められないか」と心中を告白する昭和天皇に対して、側近の木戸幸一は「連合国の現在の心構えを察するになかなかそのくらいのことでは承知しない」と、客観情勢を踏まえて答えている。

「外国の考え方は、必ずしも我が国とは同じではない」

出家するという感覚は、きわめて日本的な習慣での始末のつけ方であり、国際社会では通用しない。さらに退位は危険であるとも言った。

「退位をすれば、共和制の議論が噴き出すかもしれない」「相手側の出方をみてからでも遅くはない」などと木戸は説得している。退位についての二人の話し合いは一時間十五分もつづいた。

その晩、昭和天皇と良子皇后は寝室で自らの行く末を案じつつ、奥日光にいる十一歳の皇太子明仁が敗戦により巻き込まれるかもしれない困難について話し合い、翌朝、皇后は手紙を書いた。

> このごろは奥日光の方で又　変はつたところでおすごしですね　学生とも一緒に　いろいろ　していらつしやるのでせう　沼津の時のやうなのでせう
> おひるねも　ありますか　昨年はできないで　おこまりでしたね
> こちらは毎日　B29や艦上爆撃機　戦闘機などが縦横むじんに大きな音をたてて　朝から晩まで飛びまはつてゐます　B29は残念ながらりつぱです
> お文庫の机で　この手紙を書きながら頭をあげて外を見るだけで　何台　大きいのがとほつたかわかりません　しつきりなしです
> ではくれぐれもお大事に　さよなら

三十日午前九時半　たゝより東宮へ

奥日光では、皇太子明仁の護衛役の高杉中佐が、儀仗隊司令の田中少佐とアメリカ軍が攻めてきたときにどうするか、真剣に対策を立てていた。宇都宮の師団によるクーデターの噂は自然に消えたが、アメリカ軍が皇太子明仁を強制的に拉致するかもしれない。そうなる前に手を打たなければいけない、と不安にかられていた。

金精峠は自動車では越せない。会津若松方面に出る道も山道であり自動車では無理だ。馬や駕籠はどの程度使えるのか。車馬ともに通行不可能であれば歩いて行くしかない。調べた結果、駕籠と徒歩ならば可能である。夜間の行動も可能である。そう結論が出た。駕籠は儀仗隊の兵隊が交代で担ぐことにした。

奥日光は栃木県だが、群馬県、福島県の県境に接していた。当初は金精峠を越えて群馬県から長野県の松代(まつしろ)へ向かう計画だったが、福島県側から会津若松へ向かう案が最適とされた。松代には地下トンネルをはりめぐらせた土木工事により大本営が造営されていたが、軽井沢を通れば目立つし、そうでなければ志賀高原を越えなければならない。距離が遠すぎた。会津若松ならば、一晩でいけない距離ではない。

軍人たちは皇太子明仁を担いで深夜に行動すればよいが、東宮侍従のグループをどうするか。

高杉中佐は侍従たちに集まってもらい、計画を打ち明けた。

「皇太子殿下をアメリカへ強制拉致する計画があります。よって、殿下を一時、会津若松へご避難遊ばされ時間をかせいで、その間は身代わりの生徒をアメリカ軍に引き渡すことを考えています」

侍従のひとりが反対した。

「殿下が会津若松へお移りになることはやむを得ない措置だと思いますが、学友をお身代わりにして苦境に立たせ、殿下のご安泰をはかるのは卑怯な行為として後世のそしりを受けるのではないか」

学習院の同級生を〝影武者〟にするという提案は、もちろん、生徒たちにまだ説明していない。すでに身代わりの生徒の目星はつけてある。必ずしも顔や身長が似ている必要はない。誰もがあの子かと思う、成績が優秀でなにをやってもいちばんという生徒がいた。その生徒は自分が〝影武者〟の第一候補にされていたことにはまったく気づかずにいる。

高杉はその生徒の名前を挙げ、穂積東宮大夫に向かって、懇請した。

「お身代わりに立つ生徒も、父兄も、君国のためならむしろ一世一代の光栄と存じて進んで希望すると思いますが」

穂積は、部下の侍従たちを見回してから、同意する考えを明らかにした。

「なにしろ宮内省との連絡が取れない。わたしも着任したばかりで事情もよくわからないのでこの際、軍の意見にしたがって、殿下のご安泰をはかることが第一でしょう。歴史は南北朝の例もあり、お身代わりもわが国民性からしても大丈夫でしょう。皆さん、どう思いますか」

侍従グループからそれ以上の反対意見は出なかった。

その後、高杉中佐は頼みの情報の綱である有末中将にようやく連絡が取れた。有末は八月二十八日にアメリカ軍の先遣隊を厚木の飛行場で迎え、さらにマッカーサー連合国軍最高司令官が三十日に到着するのである。高杉中佐のことを忘れていたわけではないが、てんてこ舞いだった有末は、先遣隊の様子からアメリカ軍が皇太子を強制拉致してアメリカへ連れて行くようなことはあるまい、と判断していた。

奥日光の緊張は解け始めていた。高杉中佐の悲壮な決意は、刻々ともたらされる新しい情報によって安堵へと変化していった。マッカーサーが厚木の飛行場に着いたという情報も入った。ミズーリ号での降伏文書の調印式も終えた。皇太子明仁は、無事に過ごしていることを伝えるために両親に宛て手紙を書いた。

昭和天皇の返信が残っている。

手紙をありがたう　しつかりした精神をもつて　元気で居ることを聞いて　喜んで居ます

国家は多事であるが　私は丈夫で居るから安心してください　今度のやうな決心をしなければならない事情を早く話せばよかつたけれど　先生とあまりにちがつたことをいふことになるので　ひかへて居つたことを　ゆるしてくれ　敗因について一言いはしてくれ

我が国人が　あまりに皇国を信じ過ぎて　英米をあなどつたことである

我が軍人は　精神に重きをおきすぎて　科学を忘れたことである

明治天皇の時には　山縣大山山本等の如き陸海軍の名将があつたが　今度の時は　あたかも第一次世界大戦の独国の如く　軍人がバツコして大局を考へず　進むを知つて退くことを知らなかつたからです

戦争をつゞければ　三種神器を守ることも出来ず　国民をも殺さなければならなくなつたので

涙をのんで　国民の種をのこすべくつとめたのである

穂積大夫は常識の高い人であるから　わからない所があつたら　きいてくれ
寒くなるから　心体を大切に勉強なさい
九月九日　　　　　　　　　　　　　　　　　　父より
明仁へ

昭和天皇の退位を最も望んでいない人物、それはマッカーサーだった。退位してしまえば、占領政策に天皇家を利用できない。

すでに触れたがホテル・ニューグランドに到着すると「ただちに東條を逮捕せよ」と命じている。マッカーサーは、真珠湾を奇襲したときの内閣の責任者と、フィリピンにおける捕虜虐待の責任者を、ただちに処刑することで過去を清算し、日本の占領政策をスムーズに進行できると考えていた。イギリス、ソビエト・ロシア、中華民国などが占領政策に口をはさむ前に急いで始末をつけておきたい。

フィリピンではアメリカ軍の捕虜に対して、水や食料を充分に与えずに六十キロもの長い行程を歩かせた「バターン死の行進」は、日本軍による捕虜虐待の象徴とされていた。

マッカーサーの信頼が厚く、マッカーサーの分身とまで評されたホイットニー准将は、降伏調印式を終えると、すぐにフィリピンにトンボ返りした。山下奉文（ともゆき）大将と本間雅晴中将に対して迅速な裁判を行い、処刑を済ませてしまうためである。

　山下奉文は、真珠湾奇襲と同時期にマレー半島上陸作戦を指揮して勇名を馳せた丸顔にちょび髭の大将である。敗色が濃い戦争末期の昭和十九年にフィリピンの第十四方面軍の司令官としてルソン島に上陸した。マニラを占領し、アメリカ軍をバターン半島に追い込んだ。アメリカ軍は抵抗するが五月に降伏、ところが本間中将は作戦が遅れたと責任を取らされ解任されている。そのまま予備役とされた。

　マッカーサーの側近には「バターン・ボーイズ」と呼ばれる一群がいた。マッカーサーが日本軍に追われ、フィリピンからオーストラリアへと撤退した体験を共有する仲間である。ともに屈辱を味わい、長い間寝食をともにしてその復讐を誓って果たしたのだ。その代表的人物がホイットニーであった。フィリピンはホイットニーにまかせ、マッカーサー自身は日本にいる戦犯を裁判にかけ、東條英機をさっさと処刑するつもりでいた。

　なぜ急いだのか。

　これまでマッカーサーが手にしていた「初期対日方針」(「降伏後における米国初期の対日方針」)は、八月十二日に作成されたものだった。ポツダム宣言を受諾するかどうか、堂々巡りの御前会議で鈴木貫太郎首相が、昭和天皇に最終決断をもとめたのが八月十日午前二時二十分、いわゆる御聖断である。外務省が中立国のスイスとスウェーデンにいる日本公使に打電したのは午前七時だった。

八月十二日の「初期対日方針」は、こうした流れのなかでつくられたが、すでに原案は四月から国務省にあった。その後、国務省、陸軍省、海軍省の三省調整委員会で練られ、七月二十六日に発表されたポツダム宣言を受けて、修正を施されできあがった。

マッカーサーがマニラを出発した八月二十八日に携えていたのが、この「初期対日方針」だった。

八月十二日版の「初期対日方針」には、戦争犯罪人の項目があり、「連合軍捕虜に虐待を加えた者を含む戦争犯罪人として起訴されると見做される人物を拘束せよ」とのみ書かれている。

ところが、さらに修正が加えられた。八月十五日に日本が無条件降伏したこと、マッカーサーが連合国軍最高司令官に任命されたこと、それを受けてもう一度、練り直したものが八月二十二日付で作成されたのである。

八月二十二日版では「戦争犯罪人」の項目はこう書き加えられた。

「連合国軍最高司令官または連合国による適切な機関が、戦争犯罪人と見なした者（連合軍捕虜を虐待した者を含め）は、逮捕され、裁判にかけられ、有罪判決を受けた場合は処罰されなければならない。アメリカ以外の連合国が、その国の国民に対して罪を犯した者を要求してきた時には、最高司令官がその者を裁判の被告あるいは証人として必要とする場合を除き、当該国に引き渡され、その拘束下に置かれるものとする」

八月十二日付では、戦争犯罪人を「拘束せよ」と命じられているだけで、それを誰が行うのか、拘束した後でどう処遇するのかは明示されていない。だが、まだマッカーサーの手元に届けられていない新しい八月二十二日付の「初期対日方針」では、「戦争犯罪人」が裁判にかけられ、処罰されることを明確にしている。

だが同時に、戦争犯罪人を「告発」する主体は「最高司令官または連合国の適切な機関」とあり、マッカーサーにもその権限はあるが、同時に他の機関がそれを行う可能性も示唆している。だからこそ、マッカーサーは東條逮捕を急ごうとした。「連合国の適切な機関」が動き出すと、最高司令官の権限が制限され、ややこしいことになる。

八月二十二日版をマッカーサーが初めて眼にしたのは、横浜のホテル・ニューグランドに着いてまもない時刻、スイートルームに腰を落ち着けたばかりだった。

大佐の階級章をつけた年齢が四十歳ほどの目鼻立ちの整った男が、「トップ・シークレット」の赤いスタンプが押された書類の束をホイットニー准将に差し出した。ぱらぱらとめくると十二ページまである。

書類は、大佐がワシントンから持参してきたものだ、と説明した。マニラに着いて、すぐに追いかけてきた、とひとこと添えて微笑んだ。笑うと目じりに細かい皺ができ、端正な容貌がたちまちひとなつこく打ち解けた表情になった。

「名前は？」とホイットニー准将は訊ねた。

「チャールズ・ケーディス大佐です」

ケーディスは、いま自分が日本にいて、マッカーサーという伝説の武人が最も信頼している将軍の前に立っているという現実にあらためて驚いている。まさか、こんなふうに運命が転変するとは、と。

広島に原爆が落とされる直前だった。ワシントンの陸軍省民事部に勤めていたケーディス中佐に、マニラのマッカーサー司令部から連絡が入った。

「日本占領にあたり、陸軍省民事部から民事行政担当の大佐級の人物を派遣してほしい」

ところが民事部の部長、ジョン・ヒルドリング少将はオーストリアのザルツブルクの占領行政を視察しているところで、ワシントンにはいない。ザルツブルクに打電して、判断を仰いだ。

「大佐級の職員でちょうどよい人物は出張中か、他の用務に忙殺されており、適当な人物が見当たりません。いかがすべきでしょうか」

返答がきた。

「それなら、ケーディス中佐が行けばよいではないか」

「困ります。自分は民間人で、すでにヨーロッパの戦闘に参加した経験があり義務を果たしたと思っていますし、対日政策の立案にもまったく関与していません。それになんといってもわたしは中佐であり、大佐という資格要件に欠けています」

また返答があった。

「階級の問題なら、わたしが帰国してうまく取りはからってやる」

ヒルドリング部長は帰国すると、すぐにケーディス中佐を将校昇進委員会に連れて行った。その日は八月十五日で、VJデー（対日戦勝記念日）で、ふつうなら昇進会議は一日がかりで慎重に審議して決めるが、戦勝の喜びに酔っていてみな早く帰宅したがっていた。そのため、ケーディスの大佐昇進はわずか一、二時間の審議で決められた。

それから、すぐ行け、ということになるがマニラの総司令部軍政局長のウィリアム・クリスト准将との連絡がつかない。日本占領の開始をめぐってマニラの総司令部は右往左往しているが、それだけではなく、クリスト准将はドイツの軍政を視察するために移動中だった。ケーディス大佐は、クリスト局長との連絡がうまくいかないまま八月二十五日にワシントンを発った。機中では、マニラに着いたときにすでにクリスト局長が日本へ向かって出発していたとしたら、と焦燥と不安であたまがいっぱいだった。クリスト局長一行より一足遅れて日本に着くような事態になれば、あわてて大佐に昇進させて送り込んだヒルドリング少将の顔が立たない。

ケーディス大佐は二つの書類の束を軍用袋に入れた。すでに記した「初期対日方針」ともうひとつは憲法改正案である。この憲法改正案は、国務・陸軍・海軍の三省調整委員会がつくったもので、「国家主義的・軍国主義的団体が太平洋における将来の安全を脅かすために天皇を用いることを阻止するための安全装置が、設けられなければならない」などと書かれている十五ページの書類だった。

マニラ郊外の空軍基地に着いたケーディス大佐は、クリスト局長を探すいとまはないのだから、厚木行きの飛行機をつかまえて席を確保するしかない。空軍基地ではひっきりなしに飛行機が飛び立っている。飛行機はたいてい夜に飛び立っていた。ケーディス大佐は昼間は眠って、夜に出発の可能性を探ろうとした。

注視していると照明塔の光をいっぱいに浴びた胴体の大きいC52が二機止まっている。忙しく作業をしている整備員に「このC52はどこに行くのかね」と訊ねた。整備員は「よくわからないが、立派な飛行機だから高官が乗るのではないか。補助椅子はないよ」と応えた。

向こうから少佐がやってきた。見覚えがある。三年前に、民間人が召集されると臨時の将校になるための歩兵学校へ行くが、そのときにいっしょだった男だ。ロッカーが隣で互いによく知っていた間柄だった。二人とも中尉に任官した。

「あれ、歩兵学校にいたケンプルマン中尉じゃないか。この飛行機に乗る予定かね」

ケーディス大佐の肩章を見て、ケンプルマン少佐は驚いたふうだった。

「この飛行機はどこに行くんだい」

「ヨコハマだよ」

ケンプルマン少佐は、第六軍司令官のウォルター・クルーガー中将の副官で出発前の点検にきたという。

「この飛行機の搭乗者名簿はできているのかね。わたしもできるだけ早く日本に行きたいのだが、なにか手だてはないかなあ」

暗に彼に協力を求めた。ケンプルマン少佐は、申し訳なさそうに言った。

「搭乗者名簿に名前が載っていなければ、乗ることはちょっと無理だねえ」

「では訊きたい。いったい、誰がこの飛行機に乗っていくのか」

ケンプルマン少佐は声をひそめた。

「マッカーサー連合国軍最高司令官だよ」

ケーディス大佐は、しめた、と思った。

「こちらには上司のクルーガー中将が乗るけれど、マッカーサー元帥の機にはアイケルバーガー中将（第八軍司令官）が乗るはずだ」

「なんとかもぐりこめないか。君のすぐ後ろにくっついて、こっそり後部座席に乗り込むから、よろしく頼むよ」

ケンプルマンは困った顔をしたが、ケーディスは強引に実行した。搭乗に成功するのである。八月二十八日夜にマニラを発った飛行機は沖縄の読谷飛行場で休み、翌三十日に厚木へ向かった。沖縄に着陸したとき、大きくて平べったい包みを抱えているケーディスと同じ大佐の階級章をつけた痩せぎすの男が、朝食のホットドッグすら食べられないほど衰弱していることに気づいた。

「どうしたんですか」

「日本軍の俘虜収容所にいてすっかり体力を消耗してなかなか回復しないんだよ」

「その重い包みは何ですか」

「九月二日に戦艦ミズーリで降伏調印式が予定されていることは知っているかい」

「ええ。まあ」

「降伏文書だよ。これにマッカーサー連合国軍最高司令官が署名するんだ。日本の代表もね。イギリスや中華民国もね」

「厚木の飛行場に到着して降りるところまで、自分が代わりに持ちましょうか」

搭乗者名簿に名前が記載されていないケーディス大佐は、大きい包みを受け取った。降伏文書の携行責任者として正式に乗り込んだ人物と思われたほうが有利だからだ。厚木に着いてタラップを降りてから、そっと返した。

ケーディスは目端が利く点で、ただの秀才型の人物とは違う。ワシントンからマニラを経て日本に到着するまでの小さなひとつひとつのエピソードが物語っている。選択と判断に迷いがなく、どのピースが抜け落ちても目的地へ辿り着けない、と。

コーネル大学を卒業し、ハーバード大学ロースクールを出て弁護士資格を得るとニューヨークの法律事務所に勤めたケーディスは、州政府や地方自治体の公共投資に関わった。地方自治体は、橋をつくったり道路をつくるために地方債を発行する。地方債の発行で民間資金を集める場合、金利の設定や長期にわたる返済には地方税収をあてるか、一定額の受益者負担で橋や道路を有料にする選択もある。銀行から長期の資金を借りてローンで返済する方法もある。公共投資には、債券、税金、銀行からの資金と巨額なマネーが動く。ケーディスはその現場での多くのリスクと直面してきた。ドイツ軍や日本軍と戦って命を落とすリスクとは異なるが、修羅場をくぐってきたのである。

一九三三年（昭和八年）にフランクリン・ルーズベルト大統領がニューディール政策を始めると、ケーディスは法律事務所での実績を買われて連邦政府に雇われた。全国産業復興法が成立し、三十三億ドルの公共投資が行われる予定だった。財政投融資に詳しい法律家が求められていた。二十八歳で内務省の連邦公共事業局の副法律顧問に就任して、活躍の舞台をニューヨークからワシントンへ移した。連邦政府が貸し付ける資金の返済、地方債の発行などを切り盛りした。

四年間その仕事をつづけたあと、三七年に財務省へ移って副法律顧問をつとめた。四二年に召集され、歩兵学校で訓練を受け指揮・参謀学校を経て陸軍中尉として任官し、陸軍省民事部に勤務した。四四年夏にはヨーロッパ戦線に向かいフランスとイタリアの国境近くで占領地の行政に関わった。フランス語が得意だった。再びワシントンに戻って陸軍省民事部ではたらいているとき、マニラから適格者を送れ、と連絡が入ったのである。

マッカーサーの周りを囲む人脈は軍人が中心で情報ソースもかぎられていたが、ケーディスはワシントンの動きにつねに注意を払っていた。

八月三十日、マッカーサーは「東條を逮捕せよ」と部下に指示した。秘密指令である。

命令を受けたエリオット・ソープ准将の手元には戦争犯罪人として名指された者のおおかなブラックリストはあったが、死亡している者の名前も載っていたりして、緻密で整理されたものとは言い難かった。ソープ准将はフィリピンで日本軍への協力者をあぶり出す仕事で成果をあげていたが、日本に上陸したその日に東條をはじめとして主要な戦犯を誰にするか、どこに住んでいるかを特定することは不可能だった。ソープ准将が持っていたのは、分厚い漢字だらけの紳士録とオーストラリアでつくられた戦争犯罪人リストのみだった。ワシントンにはもう少し適当なデータが蓄積されているはずであっても、問い合わせる手間はあえて省いた。「連合国軍最高司令官」が決めることであり、「連合国による適切な機関」が介入すべきではないからだ。

極秘裏にソープ准将は動いたはずだが、新聞記者は「日本のヒトラー」「東洋のナポレオン」「剃髪したアジアの悪人」を探し回った。

廃墟の東京には住居表示はない。皇居や第一生命ビルだけでなく都心には使えるビルが残っていた。山手地域もすべて灰燼に帰したわけではない。焼跡ではトタンや板を打ちつけて雨露を防ごうとしていたし、郊外では燃え残った家も多く食糧を確保するために土を掘り返し、カボチャやイモや口に入るものなら何でも植え育てた。

アメリカをはじめとした戦勝国の新聞記者は、その気になればたばこをワンカートン与えるだけで、東條の家がどちらの方面なのかを訊き出すことは難しくはなかった。ある程度わかれば、近くでしんせつな日本の警察官をつかまえればよい。「インターナショナル・ニューズ・サービス」のクラーク・リーは、他の新聞記者とほとんど同じやり方で東條の家を見つけた。

九月十日である。東條の住んでいた文化住宅は畠に囲まれていた。新聞記者が大勢つめかけて、めずらしい動物を見るかのように、東條家という檻を遠巻きに眺めた。家の前には警官と軍人が数名、立っていた。東條は首相をやめてすでに一年以上過ぎたが、戦局が不利になった責任は東條のせいだ、と狂信者が暗殺の機会をうかがっているというので警官が駐在していたのである。

ただ外で見ているだけでは手持ち無沙汰なので、クラーク・リーは仲間の記者たちとたわいのない会話をつづけた。

「もし、あの玄関から東條が出てきたら握手なんてするなよな」

「するわけがないじゃないか」

しかし、東條が玄関ではなく家の角から突然、白い短パン、白ワイシャツ、ひざまである灰色の靴下に黒い短靴のくつろいだ格好で姿を現すとリーは思わず握手をしていた。

東條は記者たちに、庭椅子を指して腰掛けるようにすすめ、日本のたばこを差し出した。

たばこは希望を意味するホープだった。東條はおちついているふうに見えたが、占領軍が自分をどう扱うのかという正式なメッセージを寄越さないので、その面では神経質になっているように感じた。リーは東條の印象をこう綴った。

「彼は固い感じを与えた。しかしどこか態度が違っていた。もしも十年前に、たとえば満州で彼にあっていたとしたら、あるいはもしも、彼が真珠湾奇襲のために空母を派遣し、またフィリピン、東南アジアへの侵攻艦隊を出発させる直前に彼に会っていたとしたら、彼の答えはもっとつっけんどんで横柄なものであったろう。そして彼は、アメリカ人に対する場合の日本の将軍に共通する態度――優越的態度と、都合の悪いことはいっさい否定する態度――をとっていたことだろう。彼は成年期に達して以来、ずっとこの態度を学んできたのである。しかもそれがいまや消えうせていた。しかしそれなくしては、彼はただの小物にすぎないのであった。表面は釘のように固いが、内面には柔らかさが感じられた。――自己規律、信念、権力、権威、それに何百万という人々の生死を支配したころの固さは、もはやみとめられず、内側はうつろであった」

東條はたばこに火をつけながら、通訳を介して、述べた。

「自分はいまはリタイアした身であり政治や軍事と無関係だ。（焦茶色の耕作地を指さして）一介の農夫にすぎない」

日本の戦争目的は正しかったと信じているのか、と質問の矢が飛んだ。

「はい、はい。わたくしは日本の戦いは正義に立脚していたと固く信じております。アメリカはこうした見解に同意しないと思うが、しかし、アメリカの戦いが正義の戦いであったか、それとも日本の戦いが正義であったか、という最後の判定を下すには、時間の経過と、公正な第三者の審判を待たねばならないと信じておるのだ」

陸軍と海軍は協力し合うよりも、なわばり意識のほうが強い。日本軍ではその点はどうであったか、と質問したとき、東條は「日本の陸軍と海軍の協力について、アメリカ軍が日本軍をどのように見ていたか訊いてみてくれないか」と記者たちに言った。自分の提案がきわめてユーモアに富んでいると思ったらしく、上機嫌になって、アメリカ軍の軍帽をかぶっていた記者を見つけると手を差し出した。帽子を渡されると子供のようにうれしそうにかぶった。

「いろいろの格好にかぶってみていた。その帽子は洗濯たらいのような弾丸型の彼の頭によく似合った。彼は、アメリカの鷲の徽章の下で、まず、くそまじめな顔をし、ついで黄金のような微笑をして、〈大きい、大きい〉とつぶやいた。彼は帽子の寸法のことだけでなく、アメリカの力のことをもいっていたのかもしれない」

記者たちが辞去するとき、東條は彼らを門のところまで送った。

同じようにして別の記者の一団が現れた。ＡＰ通信の記者は「あるときは鋼鉄のような冷たさ、あるときは心からの笑い、というふうに、気分に変化を、みせながら、喜んで多くのことを語った」と、東條の発言を記した。

「真の軍人は、戦場では、最後まで戦う。平和が宣せられたら、一所懸命にフェアに戦った相手をお互いに尊敬するものだ。したがって日本国民のみならずわたし自身も、マッカーサーを尊敬している」

「諸君は勝利者であり、したがっていまは諸君が開戦の責任者を名指すことができる。しかしこれから五百年、千年をへたときに、歴史家はちがった判定をくだすかもしれない」

東條家のテラスのうえを爆音を立ててアメリカの飛行機が行き交っていた。厚木の飛行場からの定期空路の下にあたるらしい、と東條は説明した。

翌九月十一日、マッカーサーの逮捕命令が執行されるという情報を得た記者たちは殺気だってかけつけた。なごやかな前日の光景とは打って変わって、門とテラスのところでカメラを一センチでも前に出そうと押し合いへし合い汗だくになっていた。七時間も前から待っていた記者もいる。玄関を叩いて、冷たいビールはないか、スコッチはあるがオンザロックにしたいので氷はあるかと要求したり、マッカーサーのところに出頭するために自動車を提供したいと申し出たりした。

ポール・クラウス少佐以下、通訳の二世の大尉をふくめて一行は六名である。クラウス少佐は鍵のかかった玄関の扉の前で、東條に面会したい、と告げた。東條の二人の秘書（警察官と憲兵）が扉の内側で要求を訊いて、東條に伝えたようだ。六分が経った。「証明書か何か、正式な書類を持っているか」とクラウス少佐は訊ねられた。「持っている」と言うと、またしばらくして「責任者にだけは会う」と答えが返ってきた。

十二分経過した。玄関の右側の応接間の窓辺に、不意に東條が顔を見せて言った。

「わたしは東條大将である」

窓は外から見て肩の高さで、二世の通訳に向かって訊ねた。

「これが正式の逮捕なのかどうか、はっきりさせてもらいたい」

通訳がクラウス少佐に伝えると、さらに確かめるよう求めた。クラウス少佐は、命令された事項についてのみ答えた。

「わたしはあなたを横浜に連行するよう命ぜられてここにきた。したがってすぐ旅行の支度をしていただきたい」

東條はうなずいて窓を閉めた。クラウス少佐らは玄関の扉のところへ戻った。

午後四時十七分、突然、応接間で銃声がとどろいた。

ドアを蹴破ってなかに入ったクラウス少佐は、ピストルを捨てろ、と叫んだ。応接間の東條は、ドアに向かい合う椅子に深々と腰掛けていた。左胸から血が噴き出している。右手にピストルを握っていた。東條には意識があった。ポタリと力なく落とした。

クラーク・リーは最初に部屋にかけこんだ記者のひとりだった。

「東條は眼を閉じ、額から汗を流して、小さな肘掛椅子に深く腰掛けていた。彼の開襟シャツは無毛の褐色の胸と肥った腹とをV字型にかたどっていた。ちょうど心臓の真上にある傷口からは血が徐々に流れ出ていた」

記者たちは「あのできそこないが自殺してしまった」とか「いや、まだあの野郎は息をしている。ほら、腹があがったり下がったりしている」とか「彼は、こんな小さな弾丸（コルト32型）では死なないことをよく知っているのさ」などと大声で言い合った。

カメラマンがフラッシュを焚いた。

「東條の頭をもう少し右へ動かしてくれ。そこで止めて。素晴らしい。すまないが君、そのピストルを彼の額のところに当てておいてくれないか」

遅れてきた軍のカメラマンは葉巻を口の端にくわえていた。あわててきたので周りに訊ねた。

「ところで、これは誰なんだ」

東條は軍医の応急処置を受け、横浜の小学校にもうけられたアメリカ軍の野戦病院に収容され手術を受け、一命をとりとめた。弾丸はわずかに心臓をそれていた。東條は左胸に筆で○のマークのしるしを墨でつけていた。風呂に入り消えかかると、また墨でしるしを塗り直した。几帳面な性格を物語っている。左利きの東條は、右手による拳銃発射の瞬間の反動で手が振れたという説もある。医師のつけたしるしは正確なもので、自殺未遂後の診断書によると、しるしをつけた部分は心臓の先端部を撃つのに適していたが、東條の心臓は細長く幅が狭かったばかりに、わずかに外れたと指摘されている。

東條は家族へ個人的遺書を残している。死ぬ覚悟はあった。ジープ一台だけで護送車もないので「これが正式の逮捕なのか?」と確認したあとで拳銃を発射した。ジープに乗せるだけでは正式な逮捕とは言い難い。イタリアのファシスト党のベニート・ムソリーニと愛人の死体が街頭で逆さ吊りにされたことは知られていた。東條は意識を回復したとき、「公衆のさらしものにはなりたくない、とマッカーサーに伝えてくれ」と述べた。

東條は、正式な出頭命令が出れば、戦争指導者として弁明をする機会が与えられると信じていた(生還した東條には極東国際軍事裁判でその機会が与えられた)。東條はその機会を待ちながら、心臓にしるしをつけて逡巡していたのである。

自殺未遂が知られると、なぜ頭を撃たないのだ、なぜ切腹しないのだ、と嘲笑の的にされた。「かかる馬鹿者に指導されたる日本は不幸なり」と記した貴族院議員もいた。

東條の自殺未遂事件はマッカーサーの総司令部でも、日本政府にも波紋をひろげた。肝心の東條が死んでしまえば、戦争の責任者として昭和天皇が矢面に立たされるかもしれない。マッカーサーの占領政策は変更を余儀なくされる。

昭和天皇がマッカーサーとの会見を決断したのは、やはり九月十一日の東條逮捕劇がきっかけだったと思われる。

九月十二日午後一時半、すなわち東條逮捕の翌日、東久邇首相が宮中に参内し、昭和天皇に「戦争犯罪人の処罰をわが国に於いて実行することを連合国に申し入ることに閣議に於いて決定した」と奏上した。

東久邇宮稔彦は皇族で明治天皇の第九皇女と結婚している。陸軍士官学校を卒業して、陸軍大将にまで昇進していた。このとき五十八歳だった。九月五日の国会における施政方針演説で「前線も銃後も、軍も官も民も総て、国民悉く静かに反省するところがなければなりませぬ。我われはいまこそ総懺悔し……」と述べた。これが「一億総懺悔」として流行語になった。国民みないけなかったのだ、特定の誰かに責任があるのではない。戦争責任を不明確にする意図があった。

東久邇首相は、東條自殺未遂の翌日、日本人が日本人戦犯を裁くと提案した。東條大将けば、あのような事態にはならなかった、と言いたいのだ。日本人が自らの手によって戦犯を裁に対してアメリカ人が名誉を重んじなかったからだ、日本人が自らの手によって戦犯を裁

だが昭和天皇は賛成しなかった。

「敵側のいわゆる戦争犯罪人、ことにいわゆる責任者は、いずれもかつては、ひたすら忠誠を尽くした人々なるに、これを天皇の名に於いて処断するはしのびざるところなるゆえ、再考の余地はなきや」と答えた。東久邇首相は「とくと協議する」と述べて退出した。

天皇の名において、かつての忠臣を裁くわけにはいかない、という心情だけが語られている。それだけだろうか。日本人が自ら日本人戦犯を裁く、とは虫のよい考えで、アメリカが認めるわけがない。

果たして翌十三日の木戸日記には「(午後)八時、重光外相参内、戦争犯罪人処罰の問題につき、マ元帥司令部と交渉の結果につきご報告申し上ぐ」の記述がある。

マッカーサーとの交渉窓口は、ミズーリ号の降伏調印式でサインをした重光外務大臣である。日本人が戦犯を裁く、という発想について重光外相は皮肉を言われた、というよりは叱咤されたに違いない。空気が読めない発案だと重光外相は感じていた。

九月十五日には木戸内大臣のところに近衛文麿がやってきた。「米国の空気悪化等の件につき意見を交換す」とある。

終戦の翌々日、八月十七日に成立した東久邇内閣は、いま起きている事態に対する認識が低すぎる。閣僚の顔ぶれも、八月十五日以前の世界に依拠している人びとだった。たとえば軍用機の生産で知られる中島飛行機の社長の中島知久平が軍需大臣に任命されていたりする。米内光政海軍大臣もそのまま任命されていた。時間がまだ八月半ばで停まっている。二週間で日本を取り巻く環境がガラリと変わっていることに気づかない。奥日光の山のなかにいて皇太子明仁を駕籠に乗せて金精峠を越えようとしていた高杉中佐と、精神状態は変わらないのだ。

有末中将は八月三十日に厚木の飛行場でマッカーサー連合国軍最高司令官を迎えて、意識を切り替えているし、重光外相はミズーリ号の甲板上で敗戦の屈辱を感じている。

東久邇内閣は、東條の自殺未遂事件でようやく火がついたのだ。それもかなりズレたところで。日本人が日本人戦犯を裁く、という案は受け入れられるはずがない。そう主張する重光外相に対して、東久邇首相は、それなら終戦連絡中央事務局を内閣直属にする、と開き直った。重光外相を外す、というのである。

終戦連絡事務局は、マッカーサー連合国軍最高司令官と総司令部の体制を受け入れるために、急遽、八月二十六日につくられた。横浜市の神奈川県庁二階に事務局が置かれた。横浜税関にあった総司令部が、東京の第一生命ビルに正式に移動したのは九月十七日だった。皇居の前に立つ第一生命ビルを見て、ここにしよう、とマッカーサーが決めたのは九月八日である。終戦連絡事務局の仕事は最初から外務省が受け持っていた。

重光外相は、逆に東久邇首相に対して、内閣を改造して首相以外は全部取り替えたほうがよい、と提案した。東久邇首相は、九月十七日に重光外相に辞表提出を求めた。重光外相を辞めさせて、内閣改造はしなかった。

マッカーサーは日本政府はわかっていない、と見切っていた。

昭和十六年十月に総辞職して東條に内閣を引き渡した近衛文麿元首相は、東久邇内閣で副総理として復帰していた。近衛も、東久邇首相では乗り切れないと感じて独自に動いていた。

まずは「ニューヨーク・タイムズ」のフランク・ルイス・クルックホーン記者と情報交換をはじめた。クルックホーン記者はスペイン内戦などの戦争取材の経験が長く、マッカーサー総司令部に頻繁に出入りしている様子から、価値ある情報をもっているとみられた。近衛は、クルックホーン記者の取材に応じた。近衛の秘書だった細川護貞（長男が細川護熙）は、日記（九月十二日付）にこう記している。

「昨日（九月十一日）、ニューヨーク・タイムズのクラック・ホーン記者来訪、（近衛）公とインタヴューせり」

東條自殺未遂と同じ日である。昭和天皇が戦争責任についてのわかりやすいメッセージを出したほうがよい、とクルックホーン記者は伝えた。その後のクルックホーン記者の動き方をみると、彼はマッカーサーのメッセンジャーだったと理解したほうがよい。

細川はつづけて、「マックアーサー司令部と交渉ある者からの風説は、陛下御自ら米大統領、もしくは、米国民にメッセージをお出し遊ばしては如何との説あり」と記した。近衛は翌十二日に木戸内大臣に伝えた。

「ニューヨーク・タイムズ」から昭和天皇にインタビューの申し入れがあったのは九月十五日だった。「午前十時半、米国記者の拝謁希望の件につき、松平秘書官長と打合す」と木戸日記にある。

記者が実際にインタビューするのは九月二十五日である。ジャーナリストが昭和天皇にインタビューをするということは前代未聞であった。アメリカのメディアだから可能だったわけではない。背後にマッカーサーがいたからだ。

クルックホーン記者のインタビューは短かった。クルックホーン記者が通訳の奥村勝蔵（外務省参事官）と午前十時に昭和天皇に謁見した。わずか五分にすぎない。侍従の入江相政（のちに侍従長）も日記をつけている。

「紐育タイムス記者クロツクホーンに謁見。僅か五分間であったが非常によい記事を本国に打電した由」

わずか五分のインタビューで、なぜ「非常によい記事が打電された」とわかるのか。不思議な書き方である。

昭和天皇側とマッカーサー側の共同制作の文書がすでにつくられており、記者のクルックホーンがインタビューしました、というかたちを整えた。そう見るのが自然だろう。段取りとしては、まずクルックホーン記者に質問項目を提出させる。それをもとに、天皇側が回答原案をつくる。その回答原案をマッカーサーに見せる。

では天皇側とマッカーサー側の双方は、どこに合意点を見出したか。

昭和天皇が発言すべき内容は、一点に絞られている。

木戸内大臣が九月二十六日の日記に書き残した事柄と、「ニューヨーク・タイムズ」の記事は、その一点を忠実に反映していた。

「(日米開戦の当時を回顧して)開戦の詔書を発布するに当たり、自分は東條に此の詔書を発するは実に断腸の思である。殊に多年親交のある英国の皇室と仮令(たとい)一時たりとも敵対するは真に遺憾に堪えないとの意味を話したとの御話あり」

クルックホーン記者の会見記事は、九月二十五日付の「ニューヨーク・タイムズ」に載った。見出しは「ヒロヒト、記者会見でトージョーに奇襲の責任を転嫁」であった。

悪いのは東條であり昭和天皇ではない、という物語が出来上がった。だがこの記事は、日本ではすぐには報道されなかった。内務省が許可しなかったためである。だが、総司令部の命令により、四日後の九月二十九日の朝刊に掲載された。

「東條大将は真珠湾に対する攻撃、ルーズベルト大統領の言葉をかりるならば『騙し討ち』を行うために宣戦の大詔（開戦の理由を内外に示す文書）を使用し、その結果米国の参戦を見たのであるが、大詔をかくのごとく使用することが陛下のご意図であったでしょうか」

クルックホーン記者のこの質問に対して、昭和天皇は、東條が自分の意思に反して「騙し討ち」をしたのだと答えた。

「宣戦の大詔は東條のごとくにこれを使用することは、その意図ではなかった」（朝日新聞）

「朕は真珠湾攻撃当日の宣戦の詔勅を東條がそれを用いたような意味でなす心算はなかった」（読売新聞）

少し説明が必要かもしれない。

連合艦隊の山本五十六司令長官の作戦によるハワイ真珠湾奇襲は、騙し討ちとされている。国際法的には、相手方に宣戦布告してから攻撃を開始しなければならない。不意討ちに遭ったアメリカ側は、卑怯なジャップという言い方をした。

日本の大本営は、真珠湾攻撃の直前にワシントン駐在の野村吉三郎駐米大使を通じてコーデル・ハル国務長官に宣戦布告書を手交する予定だった。ところが日本大使館は奇襲作戦を知らされていない。本国から打電された暗号文を英文に翻訳する作業に緊迫感がなく、思いのほか手間取り、通告文を届けたときにはすでに真珠湾奇襲の一時間後だった。何をしに来たのかね、とハル国務長官は野村大使を軽蔑の眼でにらみつけた。綿密に練られた瀬戸際の勝負は、通告文を届ける場面できわめて間抜けな結果に終った。

もっとも、日本大使館が作戦の意図どおりに真珠湾奇襲の三十分前にきちんと宣戦通告文書を届けたとしても、突然攻撃を仕掛けられたアメリカ側にとっては、所詮「騙し討ち」に変わりないのである。

クルックホーン記者の質問は、アメリカに戦争を仕掛けた責任者は誰か、と訊いているものと考えてよい。日本側の回答は、その責任は昭和天皇ではなく東條にある、と主張しているのである。日本の新聞の見出しは「聖上　米記者にお言葉」（朝日新聞）とわかりにくい。クルックホーン記者はお膳立てされたリーク情報で記事を書いたにもかかわらず、言論の自由が保障されたアメリカにおいてはジャーナリストらしく批判めいた書き方のほうが読者受けがよいので「ヒロヒト、奇襲の責任をトージョーに転嫁」とした。アメリカではヒロヒトもトージョーもどちらも悪い奴、なのだから。

このほか戦争責任とは別に、「朕は武力をもってしては恒久的平和は樹立されもしなければ、維持もされないと信ずる」（読売新聞）と、戦争放棄へつながる発言もあるが、これもマッカーサーの注文だったのだろう。

九月二十七日、昭和天皇とマッカーサーの会見が行われた。腰に手をあてたマッカーサーと、緊張した表情で踵を揃えて立つ昭和天皇、二人が並んだ写真がよく知られている。クルックホーン記者を隠れ蓑にした双方のすり合わせによって会見の下地はつくられていた。あとは当代の二人の役者が〝本番〟をどうこなすかにかかっていた。

マッカーサーが厚木の飛行場に降り立ってから二十九日目の出来事である。

第五章　四月二十九日の誕生日

いま手元に黒い手帳がある。背表紙は破れかかっていて、こわごわとていねいにページをめくらないと一瞬で綴じが崩れてしまいそうだ。

昭和二十年九月二十五日、宮内省総務課長の筧素彦がいつも胸ポケットにしまい込んでいた手帳である。筧総務課長は几帳面で記憶力が抜群だと省内で評判だったが、まめにメモをとっていたからだ。痩身で小柄な軀だから、背広の内ポケットの部分に手帳がしまい込まれて多少のふくらみができても気にならない。一日に十回も二十回も出したり入れたり、擦りきれるほど手帳を使った。

昭和天皇がマッカーサーと会見する際の申し合わせ事項が、細い鉛筆書きの文字で小さな手帳に記されている。

「(昭和天皇からの) 御質問ハ何デモヨシ」

「時間ノ長短ハ一ニ陛下ニカカル」

「ニューヨーク・タイムズ」のクルックホーン記者が昭和天皇にインタビューしたあと、筧総務課長は上司の加藤進総務局長から極秘命令を受けた。

「天皇陛下がアメリカ大使館に、連合国軍最高司令官マッカーサー元帥を御訪問になることに決したから、極秘裏に至急その準備をせよ」とのことであった。

クルックホーン記者のインタビューが五分で終えられたあと、十時三十分から、通訳の仕事が片づいた外務省の奥村勝蔵、同じく外務省の萩原徹儀典課長、そして宮内省の加藤局長と筧総務課長の四人で打ち合わせを行った。

萩原儀典課長が総司令部と調整してきた内容は必要最小限度の事柄だけだった。

会見は秘密裏に行うこと。したがって昭和天皇の行列だとわかるようなおおげさな警護をしないこと。随員を極力減らすこと。場所は総司令部のある第一生命ビルではなく、アメリカ大使館公邸。公邸の玄関でマッカーサーは出迎えをしない。出迎えをしないのは、マッカーサーのほうが偉い、と暗に示しているのだと筧総務課長は理解した。室内で対面したら、昭和天皇が質問をしてもよい、その結果、時間が延びてもかまわない。

質問は何でもよし、時間の長短は自分次第、というような人生を昭和天皇は生きたことはない。海洋生物の研究をしているとき以外、人間が相手の場合にはすべて時間が決められている。それなのに、自由にやれ、と指示されたのである。自己責任でやれ、という意味合いでもある。

九月二十七日午前九時五十分、皇居内のお文庫の車寄せに黒塗りの四台の自動車が並んだ。先頭のセダンに警察官が乗り、金色の菊の紋章をつけたベンツに昭和天皇と藤田尚徳(ひさのり)侍従長が乗り、筧総務課長や通訳の奥村勝蔵など随員が乗ったパッカードが二台つづいた。二重橋前の広場から祝田(いわいだ)橋を右折し、濠に沿って桜田門へ進んだ。そこで信号が赤になり、先導車が停まった。戦前なら信号はすべて青でノンストップだった。立っている交通巡査はすぐ近く、赤信号で停まっているベンツに昭和天皇が乗っているなど想像の外なので、まったく気づかない。

路面電車も赤信号で停まった。昭和天皇のベンツが、その横にいる。筧素彦はこまったな、極秘なのにと焦った。その心境を書き記している。

「電車の前の部分の椅子のないあたりに立っている若い男が窓から外を、頬杖をつくような格好をして、怪訝そうな顔をして眺めている。しかし、格別気づいているような様子もない。陛下のモーニングを召したお姿を、何かどこかで見たような、くらいに思ってはいるのかも知れない。大した時間ではなかったのだが、こちらには随分長い時間のように思えた。間もなく信号は青に変わって、ヤレヤレ助かったとホッとする」

一行は指定されたとおりに大使館脇の坂道の途中にある門に回ったにもかかわらず、小銃を持ったアメリカ兵に、ストップと命じられた。最後尾のパッカードに乗っていた通訳の奥村勝蔵があわてて飛び出して説明しようとした矢先、門の奥から指示があったと見え無事通過した。十時一分だった。

打ち合わせ通り、ボナー・フェラーズ准将と通訳のフォービオン・バワーズ少佐が玄関に迎えに出たが、マッカーサーの姿はなかった。

この二人が昭和天皇をマッカーサーの待つ公邸内のホールに導いた。バワーズ少佐は、昭和天皇がマッカーサーと握手した際、腕が大きく左右に振れ、握手のあとも右手の震えはしばらくつづいたことを記憶している。随行のスタッフはフェラーズやバワーズらといっしょに別室に控えるかたちになった。昭和天皇とマッカーサーの会見に立ち会ったのは日本人側通訳の奥村勝蔵だけだった。

奥村は客間を見回した。

「客間の中は、まるで空き家のように、ガランとしていた。飾りはなにひとつ無い。あとでわかったことだが、この部屋の絵とか飾りは、全部開戦当時の大使グルーの私用品とかで、彼は引き揚げのとき、それらの品物をすっかり片付けたらしい」

会見の前に、十時五分、写真撮影が行われた。米軍報道カメラマンがこのため呼ばれた。ジターノ・フェイレイスが撮った写真は三枚だった。バージニア州ノーフォークのマッカーサー記念館に残されている写真は、一枚目は裏に「アイズ・クローズ」と書かれていて、マッカーサーが眼を閉じている。二枚目の裏には「マウス・オープン」とあり、天皇が口を開けてしまりがない。三枚目でやっとオーケーになった。

この三枚目の写真が、クルックホーン記者のインタビュー記事の邦訳が掲載された九月二十九日付朝刊の一面トップを飾った。誰でも知っているあの写真である。

奥村勝蔵の手記に戻ろう。

「写真がすむと、マッカーサーは陛下にファイアー・プレイス（煖炉）に向かって左側のソファーをおすすめし、自分は右側のソファーに腰を下ろした。私はその間の一寸さがった椅子に坐る。ファイアー・プレイスには、季節にはまだ早い火が赤々と燃えていた」

奥村は初めてマッカーサーの顔を間近で見た。陽焼けして、歴戦の疲れが深い皺になって刻まれている。血の気はなく、硬い皮革のような皮膚で覆われていた。

「熱帯のジャングルで十年も過ごしてきたのだ」

マッカーサーは挨拶代わりにそう言うと、奥村をにらみ、テル・ジ・エンペラー（Tell the Emperor）、天皇に告げよ、と命じて、強い口調で切り出すと、滔々としゃべりはじめた。

イギリスで英語を習った奥村は、アメリカ英語の通訳ができるのか、心配だった。だがマッカーサーの英語は、いわば漢文口調で格調があり一語一語がはっきりしていた。

マッカーサーが間断なくしゃべりつづけるので、奥村は適当に区切ってもらうために話を止めて昭和天皇に伝えた。奥村は日本語に通訳すると必ず「……と申しております」とつけ加える。相手が天皇でなければ必要のない部分である。

「……と申しております」は区切りであり、昭和天皇が身を乗り出してなにか答えようとするのだが、そのいとまもなく、またマッカーサーはテル・ジ・エンペラーとしゃべりつづけた。

ところが通訳の奥村は「テル・ジ・エンペラー」につづいて、ではなにをマッカーサーが伝えたのか、昭和天皇はそれに対してどう返答したのか、といういちばん肝心なところについては、いっさい公表していない。奥村自身が公表した手記には、海老の天ぷらにたとえると、ころもだけがあって中身の海老が見当たらない、そういうことなのだ。

密室での当事者は通訳の奥村を除くと、マッカーサーと昭和天皇のみである。

第一の証言者のマッカーサーは、十年後に『マッカーサー回想記』でこう述べている。

「わたしは天皇が、戦争犯罪者として起訴されないよう、自分の立場を訴えはじめるのではないか、という不安を感じた。連合国の一部、ことにソ連と英国からは、天皇を戦争犯罪者に含めろという声がかなり強くあがっていた。現にこれらの国が提出した最初の戦犯リストには、天皇が筆頭に記されていたのだ。わたしは、そのような不公正な行動が、いかに悲劇的な結果を招くことになるかが、よくわかっていたので、そういった動きには強力に抵抗した」

だが、「この不安は根拠のないものだった」と感動する。昭和天皇が「わたしは、国民が戦争遂行にあたって政治軍事両面で行なったすべての決定と行動に対する全責任を負う者として、わたし自身をあなたの代表する諸国の裁定にゆだねるためにおたずねした」と発言したからだ。

だが、これはマッカーサーのつくり話ではないか、と疑い深い後世の史家は評するのである。以下のマッカーサーの感動は身振り手振りの大きいアメリカ的なリップサービスではないか、と。

「わたしは大きな感動にゆすぶられた。死をともなうほどの責任、それもわたしの知り尽くしている諸事実に照らして、明らかに天皇に帰すべきではない責任を引き受けようとする。この勇気に満ちた態度は、わたしの骨のズイまでもゆり動かした。わたしはその瞬間、わたしの前にいる天皇が、個人の資格においても日本の最上の紳士であることを感じとったのである」

さて事実はどうか。第二の証言者は昭和天皇である。

宮内庁詰めの新聞記者たちは、公式会見が行われる機会をねらって訊ねていた。総理大臣に問い質すときとは違って昭和天皇に質問するのは畏れ多いのだ。ようやく三十年後、昭和五十一年一月六日の記者会見で、「マッカーサー元帥と会われた当時のお気持ちは？」と恐る恐る訊ねた。七十四歳の昭和天皇はこう答えている。

「戦後、マッカーサー元帥を訪問しましたが、元帥はつねに約束を守ることを約束しました。そのために非常に自由に話ができてよかった」

さらに「（マッカーサーの）回想記に間違いはありませんか」と問われ、「そういうことは、さっき話したように秘密で話したことですから、わたしの口からは言えません」と唇を引き締めて言った。

昭和天皇は翌昭和五十二年八月二十三日の記者会見でも、「マッカーサー司令官との話というものは、マッカーサー司令官とはっきりどこにも言わないという約束をかわしたものですから、男子の一言のごときは、守らなければならないと思いますから、今そういうことをわたしが話したということになると、その約束を破ったことになると思います。それでは世界の信用を失うことになりますから言えません」と強く拒絶している。

昭和天皇は、会見に随行した藤田侍従長や筧総務課長らにも内容は語らなかった。筧総務課長は、通訳をつとめた奥村がメモをつくっていたことについては知っていた。

奥村メモの中身、天ぷらのころもではない海老の部分、が明らかになったのはごく最近のことである。二〇〇二年、外務省の公式記録が情報開示されたからだ。『マッカーサー回想記』にあるような言い方ではない。

「わたしは、国民が戦争遂行にあたって政治軍事両面で行なったすべての決定と行動に対する全責任を負う者として、わたし自身をあなたの代表する諸国の裁定にゆだねるためにおたずねした」との『回想記』の発言をふたつに分解して、奥村メモにあてはめてみた。

前段の「戦争遂行にあたって政治軍事両面で行なったすべての決定と行動に対する全責任を負う」は、奥村メモで「この戦争については、自分としては極力これを避けたい考えでありましたが、戦争となる結果を見ましたことは、自分のもっとも遺憾とするところであります」にあたる。後段の「わたし自身をあなたの代表する諸国の裁定にゆだねるためにおたずねした」は、奥村メモでは「ポツダム宣言を正確に履行したいと考えておりますことは、先日侍従長を通じ閣下にお話しした通りであります」にあたる。

それ以外に該当する発言はない。

昭和天皇が「この戦争については、自分としては極力これを避けたい考えでありましたが、戦争となる結果を見ましたことは、自分のもっとも遺憾とするところであります」と発言したとき、マッカーサーは『回想記』にあるような威圧的で余裕をもった発言はしていない。もう少し正直な気持ちを伝えている。奥村訳なので敬語が過剰になるのは仕方がない。

「陛下が平和の方向に持っていくため、軫念あらせられた御胸中は、自分の充分諒察するところであります。ただ、一般の空気が滔々としてある方向に向かいつつあるとき、別の方向に向かってこれを導くことは一人の力をもってはなしがたいことであります」

昭和天皇を戦犯にしない努力をするつもりだが、「一般の空気が滔々としてある方向に向かいつつあるとき」「一人の力をもってはなしがたい」と語っている。

発見された奥村メモをあらためて読むと、マッカーサーがいちばん気にかけていたのは世論の動向だった。テル・ジ・エンペラーのつぎにつづくのは世論の厳しさだった。

「世界の世論の問題であるが、将兵はいったん終戦となればふつうの善い人間になり、終るのである。しかしその背後に戦争に行ったこともない幾百万の人民がいて、憎悪や復讐の感情で動いている。かくしていわゆる世論が簇出するのであるが、その尖端を行くものが新聞（プレス）である」

新聞もアメリカだけではない。戦争の相手国の新聞もそうだ。マッカーサーは諭すように昭和天皇に話しかけた。

「米国の世論、英国の世論、支那の世論等々、いろいろ出て来るが、〝プレスの自由〟はいまや世界の趨勢となっているので、その取り扱いはなかなか困難である」

終戦の二カ月前のアメリカの世論調査では「天皇を処刑せよ」は三三パーセント、「投獄もしくは国外に追放せよ」が二〇パーセント、「天皇の運命は法廷に委ねる」が一七パーセント、「不問に付す」は四パーセント、「傀儡（かいらい）として利用する」が三パーセント、残りの二三パーセントは「意見なし」だった。全体の三分の二は、昭和天皇に対して何らかの処罰を求めていた。マッカーサーはこうした風圧を背に負って、前線の東京にいるのである。

クルックホーン記者を介在させて、責任者は昭和天皇ではなく東條だ、ということにしたが、世論をコントロールすることは簡単ではない。マッカーサーは威張っていたのではなく、自分たち（マッカーサーと天皇）は必ずしも多数派ではない、という現実の厳しさを伝えようとしていたのである。

さらにマッカーサーは自身の地位は絶対的ではない、と率直に述べている。

「わたしより上の権威（オーソリティ）があって、わたしはそれに使われる出先（エイジェンシー）に過ぎない。わたし自身がその権威であれば（昭和天皇を処罰しない権限を行使できるのだが)、という気持ちだ」

三十七分間の会談のうちの大半はこんな調子だった。

アメリカ大使館公邸での会見が終り、昭和天皇一行の四台の自動車は皇居に着いた。宮内省の建物でベンツからロールスロイスに乗り換え、三、四分で住まいのお文庫に帰った。岡部長章侍従の回想には、大役を終えて皇居に帰ってきた昭和天皇の様子が印象的に描かれている。

「宮内省の正面玄関に戻られ、二期庁舎(宮内省の建物)から、ロールスロイスにお乗りかえになって吹上お文庫にむかわれた。そのときたまたまわたしは、ご陪乗することになった。陛下の斜め右前に、わたしは座った。陛下とはまぢかにむかいあうかたちになる。二期庁舎から吹上御文庫までは曲りくねった道を進むのでスピードはあまりださない。車が左右にゆれ、陛下は両手をシートにのせて御体を支えていらっしゃる」

両手をシートにのせている、というより緊張して踏ん張っている。そうしないと倒れそうなのだ。岡部は思い切って、「アメリカ人は案外率直なところがあると思いますが」と質問した。何か言わなければと思ったのだ。

「陛下は、しばらくの沈黙のあとお腹からしぼりだすような声で『ええ……』と一言だけいわれた。こんないろいろな意味をもったお声をわたしはこれまでいちども耳にしたことがなかった。それは全力投球して、やることはやったという充足感の響きがこもっていた。しかし陛下はひどくお疲れのご様子で他に何のお答えもなく車の揺れを両手で力いっぱい支えておられた」

こうして昭和天皇は退位しないと決まった。

東久邇内閣が総辞職したのはそれから一週間後の十月五日である。

つぎの首相を誰にするか。一刻も早くマッカーサーの意に添うかたちにするには、クルックホーン記者を媒介にして昭和天皇との会見の流れをつくった人物、そのときに汗を流した人物が適している。

準備はすぐにはじめられた。東久邇首相が昭和天皇に辞表を提出したのが十月五日一時十五分である。そのすぐあと、午後三時四十五分から木戸内大臣は、副総理の近衛文麿、枢密院議長の平沼騏一郎を招いた。三人で話し合った後継首相の条件は「米国に反感なき者」「戦争責任者の疑いなき者」「外交に通暁せる者」の三点であった。

「第一候補幣原喜重郎」「第二候補吉田茂」で意見一致した。重光外相は東久邇首相に、総辞職すべきだと迫って、逆に外相を解任されてしまっている。代わりに九月十七日、吉田茂が外相に就いて、総司令部と重光との交渉のパイプを引き継いでいた。五十八歳の重光は昭和十八年から外相をつとめていたが、吉田茂は昭和十四年に駐英大使を辞めて引退していた。六十七歳の遅咲きの外務大臣就任だった。

木戸の進言により昭和天皇は、「第二候補吉田茂」は引きつづき外相をつとめさせることにして「第一候補幣原喜重郎」を首相に指名した。

首相に指名された幣原喜重郎にいたっては七十三歳と高齢だった。

大正八年（一九一九年）から三年近く駐米大使を務めている。だからアメリカ人とは長いつきあいがある。外務大臣に就任したのは大正十三年である。それから三人の首相の下で五年間も外相をつとめた。大正末から昭和初期にかけてアメリカやイギリスとの協調外交をつらぬいて「幣原外交」と呼ばれ、国内の対外強硬派から軟弱外交と非難された。

軟弱外交と批判されると人物まで軟弱かと誤解されるが、口髭の濃い幣原の顔は眼光が鋭く、和らぐと相手のこころを引きつけた。シェイクスピアの名台詞を、英語ですらすらと、情感をまじえて語ることができた。第一生命ビルのマッカーサーの部屋でシェイクスピアのなにがお好きですか、と問われ『ベニスの商人』の一節を「慈悲とは強制されるべきものではなく、天から地に降り注ぐ雨のようなもの……」と朗誦した。マッカーサーはうなずいて幣原の手を握った。クルックホーン記者への回答文の原案をつくったのが、この幣原だったのだ。

幣原のつくった原案は国立歴史民俗博物館に保存されている。「宣戦の詔書は、東條大将が使ったように使う意図はあったのでしょうか」とのクルックホーン記者の問いに対し「戦争の作戦上の詳細は陸海軍の最高指揮官に任される」と原案で回答していた。マッカーサーとのすり合わせの過程で「陸海軍の最高指揮官」ではわかりにくいので「東條」に置き換えられた。そういう裏工作にかかわって汗を流した人物だから、幣原を首相にしたのである。

幣原内閣ができると、外務省の後輩の吉田はそのまま外相を引き受け、総司令部に対応できる体制が組み上がった。ここからが戦後体制の実質的なスタートといえた。

皇太子明仁も、学習院の同級生たちも奥日光を去った。疎開生活は終ったのである。

軽井沢に滞在していた子爵夫人も帰京した。

十月に入ってから日記に書きとめた。

「長い苦しい戦争は終ったのだ。一時は兵隊が進駐して来たら山の中に逃げ込んだほうがよいとか、外出には鍋墨を顔に塗らなければとかいう人もいたが、わたしは別に心配しなかった。東京の治安のほうが心配だった」

家族が別れ別れに暮らした日々は子爵夫人を変えた。東京で暮らしていた夫は、生活力もなく、たくましさもなく、人生の目的もないつまらぬ人物に見えてきた。

「奥日光の疎開先から帰ってきた息子とわたしと主人との暮らしが再びはじまった。でも苦しいとき、困ったとき、わたしはいつも一人だった。焼夷弾が庭に落ちてわたしのズボンに火がついたとき、主人がタックルして火のない芝生にごろごろ転がして、消してくれた、あのときにはひとりではないと感じた。抱きしめる力に強さを感じた」

軽井沢ではすべて自分だけの力で生き抜いた。息子を自分ひとりの力で守り抜いた。息子を奥日光へ行かせてからは、たったひとり誰もいない淋しさに耐えた。

終戦後の東京でも食糧難はつづいている。夫は配給される食糧でがまんすればよい、と肩を落として言った。配給で生きていけるわけがないではないか。たくさんの貸家から得られる不労所得に慣れている夫には、困難な時代を生きる生命力がないのである。貸家だって、すべて燃えてしまっているのに。

「わたしは力強く生きて行きたいと思う。どんな冒険をしても、生きているという喜びを感じたい」

子爵夫人は新しい時代を予感していた。自分の運命を大きく変えるなにか、いまの夫との関係では得られないなにか、それが必ず待ち受けている、と。

国家レベルでも、新しいスタートを切るには憲法を改正する必要があった。真珠湾を奇襲する作戦を、昭和天皇が食い止めることができない体制であってはいけない。軍人の暴走をコントロールできる文民統治のシステムに切り替えるための憲法改正である。

天皇の存在は日本軍の秩序ある武装解除をすみやかに実行させた。占領によってアメリカ軍が支払わなければならない犠牲を最小限に食い止めるために貢献した。マッカーサーにはそういう認識があり、時代遅れの東久邇内閣はわずか五十日間で総辞職することになったのである。

東久邇内閣総辞職の前日の十月四日、副総理の近衛文麿が総司令部のマッカーサーをアポイントをとらずに訪ねている。

おそらく近衛はつぎの首相には自分が指名されるべき、その資格はあると自負していたに違いない。東久邇内閣総辞職の気配を察知すると、すぐにマッカーサーを訪ねた。アポイントなしでいきなり行ったので「今日、元帥はお会いすることができない」と断られている。待たせてください、とあきらめずにいるとマッカーサーは会見に応じた。

「憲法を改正する必要がある」

マッカーサーはそう言った。

長身の近衛は、背丈ではマッカーサーとあまり変わらない。

「元帥の激励と助言とにより、国家のためにでき得るかぎりご奉公したい」

京都の公家出身の近衛はうやうやしく答えた。

「公爵は世界を知っている。コスモポリタンである。年齢も若い。敢然として指揮の陣頭に立たれよ」

そう励まされた、と近衛は側近の細川護貞に語ったが、あくまでも本人の弁である。

近衛家は平安時代の藤原氏の流れをくむ五摂家の筆頭である。五摂家とは近衛家、九条家、二条家、一条家、鷹司家で、摂政、関白、太政大臣をつとめてきた。政党政治が行き詰まった昭和十二年六月四日、近衛公爵への組閣待望の世論の後押しをうけて近衛内閣が誕生している。血筋だけでなく、四十五歳の若さも売りものだった。だが一カ月後の七月七日の盧溝橋事件をきっかけに日中全面戦争へ突入した。第一次近衛内閣は一年半で終った。つぎの昭和十五年七月の第二次近衛内閣では日独伊三国同盟が締結され、昭和十六年七月の第三次近衛内閣では、すでに触れた九月六日の御前会議で日米開戦への道筋が敷かれてしまう。十月に総辞職して東條内閣が誕生するのである。

近衛は心情的にはイギリスやアメリカ寄りのはずなのに、日独伊三国同盟締結を進めたのだから、その業績を振り返れば軍人の東條とどれほどの差があるのか見えにくい。マッカーサーに「年齢も若い」とおだてられはしたが、五十三歳になった近衛は戦争責任に対する自覚がうすく、懲りずに首相の座を射止めようとしていた。

結局、昭和天皇から組閣を命じられたのはアメリカやイギリスとの協調姿勢をつらぬいた「幣原外交」の幣原喜重郎だった。

十月五日に木戸、近衛、平沼の三人で幣原を首相にすると決めたが、その前に木戸と近衛の二人だけで一時間近く話し合っている。木戸は「閣内の情勢、将来の見透等につき懇談す」としか記していないが、「後継首班はあなたではなく幣原にしたい、というのが陛下の意向」だと、近衛を押さえ込んだとみられる。

近衛は十月八日、木戸内大臣に会い、「このまま何もしなければ、マッカーサー司令部より改正案を突きつけられる恐れがある。欽定憲法としては耐え難いことになるから、速やかに善処すべきだ」と申し入れた。

近衛の要請を受けた木戸内大臣は、幣原内閣の閣僚ではない近衛の処遇について困り果て、とりあえず「内大臣府御用掛」として憲法改正の調査にあたるようとりはからった。

ここで近衛は大きな間違いを犯すのである。十月二十一日に、AP通信東京特派員ラッセル・ブラインズのインタビューに応じて、「天皇の退位」を話題にしてしまう。

「天皇のご退位に関する規定は、現行の皇室典範には含まれていない」「皇室典範に退位手続に関する条項を挿入する可能性を検討することになろう」（朝日新聞昭和二十年十月二十三日付）とAP通信のインタビューが報じられた。

幣原首相と木戸内大臣はあわてた。昭和天皇を退位させないために、マッカーサーとの歴史的な会見がセットされたのだ。戦争責任を東條に負わせるための儀式として、クルックホーン記者を媒介にして、日本側とアメリカ側の双方で綿密に練られた作戦だった。それが台無しになってしまう。

幣原首相は木戸内大臣のところへ駆けつけた。「今朝の新聞を見たか。近衛に釈明の会見をさせなければいけない」と幣原首相は言った。木戸はこう記録した。

「憲法改正、天皇御退位等につき、AP記者に近衛公の談話が今朝の各新聞に掲載せられおるところ、右はおそらく誤訳もあると思わるるが、あのままにては政治上すこぶる困難を生ずる恐れあるをもって、近衛公において声明せらるるか何とか善処せらるるよう尽力せられたしとの希望あり」

近衛は、マッカーサーの虎の尾を踏んだことに気づかないのである。「天皇退位」を日本側が主張したら、すべてはぶちこわしである。

マッカーサーとワシントンには見解の相違があった。

ワシントンから派遣され、マニラから沖縄、さらには厚木の飛行場へと綱渡りで辿り着いたケーディス大佐が持参してきた「トップ・シークレット」の赤いスタンプが押された書類を思い出していただきたい。八月二十二日版の「初期対日方針」と題されたその書類には、戦争犯罪人を「告発」する主体は「最高司令官または連合国の適切な機関」と記されていた。マッカーサーと「連合国の適切な機関」が等価にされている。マッカーサーは、ワシントンからみれば、また他の連合国からすれば、出先の長官にすぎない。そう見られていた。

連合国軍最高司令官のもつ権力は、つねに流動的で絶対的なものではなかった。マッカーサーは、その行使する権力の範囲を維持するために、上手にふるまわなければならないのだ。天皇を退位させず、東條を逮捕してすみやかに処刑してしまえば、「連合国の適切な機関」がしゃしゃり出てくるいとまがない。

ドイツでは戦争犯罪人に対する国際法廷、その場所がニュルンベルクにあったので、「ニュルンベルク裁判」と呼ばれるが、十月十八日に二十四人が起訴されている。国際法廷ではアメリカだけでなく、イギリスもフランスもソビエト・ロシアも等しく参加している。連合国のイギリスやアメリカは西からベルリンを、ソビエト・ロシアは東からベルリンを攻め上ったのだ。

だが日本では、アメリカ軍が主役である。マッカーサーはアメリカ陸軍の元帥であり連合国軍の最高司令官でもある。アメリカ以外の連合国の意向がどのように反映されているのかいないのか、きわめて微妙な立場だった。

東京でもニュルンベルクと同じように国際法廷で戦争犯罪人を裁け、と連合国とくにソビエト・ロシアがそう主張する可能性は予想された。ドイツ降伏から戦争犯罪人の起訴までわずか半年、となれば東京で国際法廷が開かれ戦争犯罪人が起訴されるとしたら翌年の早い時期だろう。

それまでに憲法を改正し、「連合国の適切な機関」や「世論」が納得できるかたちで昭和天皇の位置づけをしておかないと、起訴され法廷に引きずり出される可能性があった。新しい憲法に昭和天皇を退位させない規定を盛り込めばよいのだ。その作戦がうまくいかないと、これまでのお膳立てがすべて無に帰する。マッカーサーのいちばんの懸念はそこにあった。

幣原内閣は、急いで憲法問題調査委員会をつくった。委員長の松本烝治は東京帝国大学教授や満鉄副社長などを経て貴族院議員、幣原内閣の国務大臣として入閣している。父親がアメリカに留学して帰国した翌年に生まれたのでジョージ・ワシントンにちなんで烝治と命名された。いっぽうの近衛はあくまでも自らの手で憲法草案を作成するつもりでいるので、十一月一日、マッカーサー側はついに、憲法改正について近衛は無関係だ、と声明を出した。

それでもなお、近衛は側近の細川護貞に「今月二十日までには、憲法草案を奉呈の予定なり」と告げている。

だが十一月二十四日で木戸内大臣の「内大臣府」が廃止となった。近衛は、木戸が窮余の策で考えた「内大臣府御用掛」という役職を与えられていたが、これで拠って立つ場所が消えてしまう。

憲法改正をめぐるドタバタ騒ぎは幣原内閣での松本委員会に一任という形で収束したが、戦争犯罪人の処罰をめぐって情勢は大きく変化していた。

マッカーサーは、天皇の退位を主張する近衛を憲法改正とは無関係だ、として声明を出した翌日、十一月二日にワシントンへ向けてメッセージを送った。すべて自分が決める。ワシントンもその他の連合国も、介入するな、と。

「真珠湾攻撃の責任者の東條とその閣僚を裁くために裁判を開始するつもりだ。この犯罪の唯一の犠牲国はアメリカなのだから、裁くのは当然ながらアメリカ人である」

ワシントンから「戦争犯罪人の逮捕と取り扱いについては、ヨーロッパの総司令官に出された命令、及びヨーロッパの国際軍事裁判憲章に准ずる」との指令が届いていた。東京でも、ニュルンベルクと同じような裁判をやれ、という本国の命令に、明確にノーの返答を突きつけたのである。

しかし、マッカーサーもワシントンからの指令にすべて逆らうわけにはいかなかった。総司令部は十一月十九日に荒木貞夫大将、松岡洋右元外相、小磯国昭元首相、松井石根大将ら十一人、さらに十二月二日には皇族の梨本宮守正、平沼騏一郎枢密院議長、広田弘毅元首相ら五十九人の逮捕指令を発した。十二月六日には九人が追加された。

ニュルンベルク裁判では、これまで戦争犯罪とされてきた捕虜虐待や非戦闘員に対する残虐行為等に加えて、「平和に対する罪」という概念を取り入れた。「侵略戦争の計画、準備、開始、遂行、共同謀議」が「平和に対する罪」にあたる。

A級戦犯に元首相や大将が多かったので、B級やC級よりランクが高いと誤解されているが、罪別に分類したにすぎない。「平和に対する罪」がA級である。B級は捕虜や非戦闘員に対する残虐行為で、これまでと同じである。フィリピンの「バターン死の行進」が捕虜の虐待にあたり、のちに山下大将や本間中将が処刑されることになる。C級はすべての民間人に対する残虐行為（ナチス・ドイツによるユダヤ人虐殺はこれにあたる。「人道に対する罪」という概念が生まれた）である。

ナチス・ドイツを裁くために「平和に対する罪」という概念がつくられたわけだが、事後法である。法律がつくられる前に犯した罪は裁くことはできない「刑罰不遡及の原則」

からすると、異例であった。

「平和に対する罪」を適用しろというワシントンからの指令は、他の連合国との関係を配慮して出されたものだった。したがって出先の長官としてのマッカーサーは、真珠湾奇襲を行った東條内閣とフィリピンの捕虜虐待に絞って、早期の決着を目指していたが、「わたしより上の権威」（昭和天皇との会見）に押し切られたのである。

「平和に対する罪」なら、真珠湾奇襲以前にさかのぼって、昭和六年の満州事変、日中戦争、そして日米開戦へと続く一連の流れに関わった者をすべて裁け、ということになる。だから東條内閣以前の閣僚や軍事指導者がつぎつぎと逮捕されはじめた。

十二月六日の逮捕指令リストには近衛文麿と木戸幸一の名前もあった。総司令部は東條の自決未遂の教訓から、期限を決めて自ら出頭するかたちにした。近衛と木戸の出頭期限は十二月十六日だった。

木戸は十二月十日に参内し、昭和天皇に別れの挨拶をすると、あらためてこれまでの経緯について念を押された。

「今回は誠に気の毒ではあるが、どうか身体に気をつけて。予（かね）てお互いに話し合っており、わたしの心境はすっかり承知のことと思うから、充分説明してもらいたい」

昭和天皇が政務室で使っていたすずりを木戸はプレゼントされた。皇后からは自らつくったドーナツをもらった。

木戸は十二月十六日に巣鴨プリズンに出頭した。だが近衛文麿は未明、荻窪の自宅「荻外荘」で青酸カリによる服毒自殺を遂げた。

この日、モスクワでソビエト・ロシアの提起でアメリカ、イギリス、ソビエト・ロシア三カ国の外相会議が始まった。会議は年末までつづいた。日本の占領政策について、アメリカの独占体制に不満が集中していた。

話し合いの結果、ワシントンに十一カ国からなる極東委員会を設置することになった。上記の三カ国にオーストラリア、ニュージーランド、フィリピン、カナダ、オランダ、フランス、インド、中華民国を加えて十一カ国である。これらの十一カ国から一人ずつ、極東国際軍事裁判の判事が派遣されることになる。絞首刑の判決は、十一人による多数決投票によって決定されるのだ。

極東委員会の出先機関として東京に置かれたのが対日理事会である。アメリカ、イギリス連邦、ソビエト・ロシア、中華民国の四カ国で構成された。マッカーサーが警戒していた「適切な機関」がとうとうつくられたのである。だがまだ入れ物ができただけで、なにをどうするか、具体的な活動は春先ぐらいからと見られていた。

マッカーサーは連合国軍最高司令官の権限で東條を逮捕し、独自に裁判を実施するつもりでいたが、いまや「適切な機関」を無視することはできない。

ならばその前に日本という軍事大国に対して武装解除を徹底させることでその脅威を取り除き、同時に、天皇家の世襲を否定せず権力を奪う。皇室を狂信的な崇拝者から隔離する作業を急ぐことだ。新しい憲法をつくってしまえばよい、とマッカーサーは考えた。


年が明けた。昭和二十一年である。

幣原首相は一月二十四日、マッカーサーを訪ねてきた。幣原が語った言葉が『マッカーサー回想記』に記されている。

「首相はそこで、新憲法を書き上げる際にいわゆる『戦争放棄』条項を含め、その条項では同時に日本は軍事機構は一切もたないことをきめたい、と提案した。そうすれば、旧軍部がいつの日かふたたび権力をにぎるような手段を未然に打ち消すことになり、また日本にはふたたび戦争を起こす意思は絶対にないことを世界に納得させるという、二重の目的が達せられる、というのが幣原氏の説明だった」

ところが肝心の憲法改正の骨子は明治憲法とさして代わり映えしないものだった。憲法問題調査委員会の松本烝治博士がつくった松本私案である。

幣原首相は日本軍の武装解除を徹底させることで天皇起訴のリスクを回避できる、あるいは天皇に権力を持たせないことで武装解除ができると考えていた。しかし憲法問題調査委員会の松本博士は「国体護持（天皇大権）」は譲れないと思っている。

しびれを切らしたマッカーサーは二月三日、総司令部民政局長のホイットニーに憲法草案づくりを指示した。二月三日は日曜日である。マッカーサーは休日をとらない習慣だった。当然だ。日曜日だから戦争を休みます、というわけにはいかない。

「ポイントは三つだけだ」

マッカーサーの執務室でいつものようにホイットニーは、黄色いリポート用紙に素早くペンを動かしメモしはじめた。

「ひとつ。天皇制は世襲でよい。ただし、法律で役割を限定する」

主権が国民にあると明記すればよい。

「ひとつ。戦争と戦争権を放棄する。これはわたしのアイデアではない。首相のシデハラが言い出したのだ」

ホイットニーは考えた。交戦権を放棄するというのは日本側の提案であり、他の連合国は、それなら天皇の存在を容認するかもしれない。幣原は、旧軍の復活を恐れていた。二・二六事件では殺されると思い、雪のなか鎌倉まで逃げた。旧軍を幣原以上に恐れていたのは、昭和天皇だった。二・二六事件だけでなく、ついこの間の八月十五日未明も危い思いをした。ホイットニーは、マッカーサーの意図をそう読み取った。

「ひとつ。あらゆる形の封建主義は廃棄されること。……以上だ」

ホイットニーは、マッカーサーの執務室の壁に掲げられたワシントンとリンカーンの肖像画を見やった。マッカーサーはこの肖像画を、オーストラリアのブリスベーンから東京へと島伝いに司令部が移動するたびに、いっしょに持ち運ばせたのだった。

リンカーンの誕生日は二月十二日である。そうだ。ちょうどよい。二月十三日までに修正した憲法の骨子案を提出せよと日本側に言ってあった。その前日までにつくるのだ。

ホイットニーは、民政局次長のケーディス大佐に、マッカーサーから言われた三つの要点をすぐに文章にするよう指示した。

やり手弁護士のケーディス大佐は、この程度のものならお手のもので、さらさらっと一枚のタイプに打ちまとめた。

「天皇は国の元首の地位にある。

皇位は世襲される。

天皇の職務および権能は、憲法に基づき行使され、憲法に示された国民の基本的意思に応えるものとする」

「国権の発動たる戦争は、廃止する。日本は、紛争解決のための手段としての戦争、さらに自己の安全を保持するための手段としての戦争をも、放棄する。日本はその防衛と保護を、今や世界を動かしつつある崇高な理想に委ねる。

日本が陸海空軍を持つ権能は、将来も与えられることはなく、交戦権が日本軍に与えられることもない」

「日本の封建制度は廃止される。

貴族の権利は、皇族を除き、現在生存する者一代以上には及ばない。

華族の地位は、今後はどのような国民的または市民的な政治権力も伴うものではない」

憲法草案の作成のしめきりまで、一週間しかない。だがケーディス大佐のまとめたペーパーで、コンセプトと方向性はほぼできている。

ひとつ、ふたつ、みっつ、と区切ってマッカーサーが指示したが、三番目の封建主義の廃棄はたいしたことではなかった。日本は江戸時代ではない。明治憲法にもとづいた近代国家としてそれなりの歴史がある。

翌二月四日月曜日、寒い日だった。民政局は第一生命ビルの六階にあった。正面の左側の部分は七階まで吹き抜けになっている。もともとボールルームで、小学校の講堂を小型にしたような部屋だった。

隣の会議室に二十五人のスタッフが呼ばれた。ホイットニー民政局長が慌ただしく現れた。薄い頭髪の額に汗が滲んでいる。

「日本の憲法を今週中に仕上げるんだ。いいかリンカーンの誕生日までだぞ。トップシークレットである」と十分ばかり演説して出て行った。

狭い会議室はざわめいた。急に集まれと言われ、椅子も少ないから半分ぐらいは突っ立っている。ケーディス大佐があとを引き継いだ。なにをどう作業すればよいのか、段取りを説明した。組織表を示して、それぞれの担当責任者を指名して、作業手順をてきぱきとかつていねいに説明した。民政局のスタッフは階級章をつけた軍服を着ているが、もともとは弁護士であったり、大学教授であったり、研究者であったり、専門家が揃っていた。

こうして一週間の突貫作業で憲法草案はつくられた。

縁なし眼鏡にへの字の口、頑固一徹の保守主義者、吉田外相に手渡されなければいけない。難事である。

ホイットニーは吉田外相を総司令部に呼びつけるのではなく、外相公邸に自分のほうから訪問する、と連絡しておいた。わざわざこちら側から出向く。迎える側は恐縮するだろうし、それだけではなく有効な作戦も組める。その作戦とは……。

約束の二月十三日、昭和天皇がマッカーサーを訪問したアメリカ大使館公邸の少し先、霊南坂を登り切って先へ進みそれから右へ折れると焼け残った屋敷があった。そこが外相官邸で、周囲一帯は空襲で瓦礫（がれき）の山だった。

午前十時きっかりに、マッカーサーの使者たちは到着した。マッカーサーの分身とされるコートニー・ホイットニー准将、チャールズ・ケーディス大佐の指揮下で憲法草案づくりに携わった民政局幹部、マイロ・ラウエル中佐、アルフレッド・ハッシー中佐の四人である。外相官邸で出迎えたのはケーディス大佐と同年配で吉田外相を補佐していた白洲次郎だった。ケーディスと白洲次郎は、鼻筋が通った端正な面立ちではよく似ていた。

白洲は一行を邸内に招じ入れ、サンルームに案内した。吉田外相、国務大臣で政府の憲法問題調査委員会の委員長である松本烝治博士、および翻訳に当たる外務省の長谷川元吉がいた。彼らは立ち上がって、四人のアメリカ人を迎えた。テーブルのうえには、紙やノートがちらかっていた。それがあの話にならないとホイットニーが見做した松本私案だとすぐにわかった。

ホイットニー民政局長は記している。

「われわれは、ていねいなお辞儀と不安げな微笑とで迎えられた。われわれの態度は慇懃（いんぎん）ではあったが、懇（ねんご）ろではなかった。また事務的ではあったが、無愛想ではなかった。われわれは英語をゆっくりとはっきりしゃべるが、それでわかるだろうかと主人側にただしたところ、わかるとの返事であったので、誤解の可能性を少なくするため、通訳なしで会談することを申し入れた」

ホイットニー准将は太陽を背にして坐った。吉田外相たちの顔は明るく照らされた。ケーディスもホイットニーと並んで坐った。

ホイットニーは一語一語、念を押すようにゆっくりと、先日の松本私案はまったく受け入れられるものではない、と言った。

「わが最高司令官は、ここに持参した文書を、日本の情勢が要求している諸原理を具現しているものとして承認し、わたしにこれをあなた方に手交するよう命じました。この文書の内容については、あとでさらに説明しますが、それをあなた方が充分理解できるよう、わたしもわたしの属僚も、ここで退席し、あなた方が自由にこの文書を検討し討議できるようにしたいと思います」

いきなり、アメリカ側が憲法をつくってしまいましたよ、と言ったのだから日本側の四人は完全に虚をつかれぼんやりとしている。とくに吉田外相は愕然とし、言葉を失った。

ホイットニーは追い打ちをかけるようにつづけた。

「総選挙の前に憲法改正案を国民に提示し、国民が議論できるようにしたほうがよい。総司令部のステートメント（草案）をガイドとして早く改正案をつくらないと、最高司令官はステートメントを国民の前に直接提示するかもしれません」

効果はてきめんだった。白洲次郎はなにか変なもののうえに腰を掛けたかのように姿勢をまっすぐにした。松本博士は息をのんだ。吉田外相の顔はひどく曇った。

「では憲法草案を読んでください、しばしの間、外相公邸の美しい庭園を眺めておりますから」、とホイットニーが言い、サンルームを出ると、Ｂ29が一機低空で轟音を響かせて公邸の上空を飛び去った。十時十分きっかりである。

外相公邸に出向いたのはこうした演出ができるからである。暗く厳しい表情の吉田外相らを室内に残して庭園を散策していると、十五分ほどして白洲次郎が現れた。吉田外相と松本博士が草案を討議していると伝えた。ホイットニーやケーディスがどの程度に本気でいるのか、探りを入れるためにきたことがわかった。そこでホイットニーは、もの静かにきわめて怖いジョークを口走った。

「われわれは、戸外で原子力の起こす暖（＝太陽の熱）を楽しんでいるのです（We are out here enjoying the warmth of atomic energy）」

Ｂ29による空襲とヒロシマの原爆をかけあわせた警告、いや脅迫に白洲は引き返した。十時四十分に白洲が再び現れ、吉田外相と松本博士の討議が終ったのでサンルームに戻ってほしい、と言った。

松本博士は「草案を読んでその内容はわかったが、自分の案とは非常に違うものなので、総理大臣にこの案を示してからでなければ、何も発言できない」とホイットニーに向けた答えを、ホイットニーには眼を向けず部下のケーディスたちを見ながらしゃべった。

吉田はジロリジロリとホイットニーを見つめていた。白洲は熱心に鉛筆でノートにたくさんのメモを書き込んでいた。

松本は視線をそらしながら、質問した。

「この憲法案の説明書が用意されているかどうかを知りたい」

答えは簡単だった。ホイットニーは言った。

「説明書はないが、草案はその文言上の意味が明瞭で、誤解のおそれのない、わかりやすいものである」

むずかしいことは書いてない。そのまま読めばわかる。それよりも重要なことについて認識を共有してほしい、とホイットニーは言った。

「あなた方がご存知かどうかわかりませんが、最高司令官は、天皇を戦犯として取調べるべきだという他国からの圧力、この圧力は次第に強くなりつつありますが、このような圧力から天皇を護ろうという決意を固く保持しています。これまで、最高司令官は、天皇を護ってまいりました。それは彼が、そうすることが正義に合すると考えていたからであり、今後も力の及ぶ限りそうするでありましょう。しかしみなさん、最高司令官といえども、万能ではありません」

出先の長官に過ぎない、そこがわかっていないのではないか。ホイットニーは「連合国の適切な機関」が、昭和天皇の処刑を言い出すチャンスを窺っていることに気づいてほしい、という趣旨でさらにつけ加えた。

「最高司令官は、この新しい憲法の諸規定が受け容れられるならば、実際問題としては、天皇は安泰になると考えています。さらに最高司令官は、これを受け容れることによって、日本が連合国の管理から自由になる日がずっと早くなるだろうと考え、また日本国民のために連合国が要求している基本的自由が、日本国民に与えられることになると考えております」

ホイットニーの演説を聞きながらずっと大腿部の外側に両手をあてズボンをこするようにして前後に動かしていた吉田外相は、時間がほしい、と粘った。

「総理大臣に報告しなければなりません。閣議で総理大臣をはじめ他の大臣とも話し合わなければなりません」

ホイットニーは「ご返事をお待ちしています」と述べ、白洲を見やり、帽子と手袋を取ってきてほしい、と命じるように言った。サンルームの隣の書斎に置いてあることを思い出させた。白洲は、緊張した表情でとりに行った。十一時十分だった。

二月十三日の外相公邸への訪問作戦が成功したとホイットニーは思った。二月十八日には総司令部の憲法草案を日本語に翻訳して、これで閣議決定をします、と回答が届けられる予定だった。

たしかに二月十八日に白洲次郎が使者として、松本博士の手紙を持参してきた。その手紙には「松本私案をもう少し説明させていただきたい」と書かれている。「国体護持（天皇大権）」を相変わらず繰り返しているのだ。「最高司令官といえども、万能ではない」「新しい憲法の諸規定が受け容れられるならば天皇は安泰になる」とあれほど説明したのに。ホイットニーはゾッとした。緊迫した事態について、なにもわかっていない！

ホイットニーは白洲の眼を見つめて言った。

「あなたはこの手紙の中身は知っているのかね」

「いえ、知りません」

「ではこの場で読んでみなさい」

白洲は黙って読み終えた。

「この手紙は内閣の見解を代表するものか、そうでないのか、どちらなのかはっきりしてもらおうじゃないか」

「内閣の見解ではなく、松本博士の見解だと思います」

「では訊くが、二月十三日に渡した憲法草案は閣議にかけられたんだろうね」

　白洲はウソを言って急場を切り抜けた。

「ええ。閣議にかけられました」

　二月十六日に開かれたのは緊急経済対策のための臨時閣議だった。定例の閣議は二月十九日が予定され、まだ開かれていない。ホイットニーから追い打ちの言葉が突き刺さった。

「それなら四十八時間以内にもってきてください。そうでないと最高司令官が直接、日本国民に示すことになりますよ」

　閣議は翌二月十九日に開かれた。国務大臣の松本博士だけでなく、内務大臣も司法大臣も反対した。白洲が再び来て頭を下げた。

「まだ翻訳が完成していません。なんとかもう少し、延ばしてください」

　ホイットニーは険しい顔で、絶対的な期限がある、と言って二月二十二日をタイムリミットとした。

「ジョージ・ワシントンの誕生日ですから、忘れませんよね。丞治（ジョージ）さんも、よもや忘れることはないでしょう」

二月二十一日に幣原首相は総司令部を訪ね、マッカーサーと三時間も話し合った。翌日の閣議で、松本博士を除きほぼ了承するかたちとなった。幣原はそのあと昭和天皇に、マッカーサー憲法を受け容れます、と報告して許可された。

だが日本語訳の憲法改正案が届けられたのは、結局、大幅に遅れた三月四日であった。松本博士らとケーディス大佐らのすり合わせが終ったのは三月五日の夕刻だった。

ケーディス大佐がもっとも信頼していた民政局の同僚、ハッシー中佐がその憲法草案を鷲摑みにするようにして鞄にしまうと、厚木の飛行場にジープを走らせた。ワシントンで極東委員会が開かれるのはアメリカ時間で三月六日だった。ぎりぎり間に合った。

極東委員会の第二回目だが、二月二十六日の第一回目は顔合わせなので、実質的には最初の委員会だった。

ケーディス大佐がワシントンから持参してきた「初期対日方針」に記された日本占領の権力は「連合国軍最高司令官または連合国の適切な機関」と二つあった。マッカーサーが忌み嫌った「連合国の適切な機関」がいよいよ動き出したのである。だが、マッカーサーの作戦は成功した。

四月三日、極東委員会は「天皇不起訴」を決めた。

久し振りにお便りします。

早いものでもうクリスマスソングが流れはじめました。秋分の日が過ぎると、一気に歳暮になるんですね。若いときには、もっと秋という季節は長い気がしていましたが。せめてクリスマスソングは昔のように十二月半ばすぎにしてほしいですよね。消費者の購買意欲を少しでも早く掘り起こそうと、十一月末ぐらいから聞こえてくるものですから、気が急いて仕方がありません。

先日、少し分厚い調査リポートをお送りしましたが、長いものになってしまったのは、思ったより深いところに謎が隠されていることに気づいたからです。

ニュルンベルク裁判では被告人、A級戦犯は二十四名でしたが、東京裁判（極東軍事裁判）でもほぼ同じA級戦犯として二十八人が被告人とされました。昭和天皇は不起訴になりました。

そこまでの流れはおわかりになりましたね。新憲法第一条に「天皇は日本国の象徴である」と記されたのですから。これで天皇退位は封印されたわけです。しばらくして新憲法に即して皇室典範も改正されますが、そこに天皇退位の規定はありません。

お祖母さまの運命が大きく変わる日、その瞬間がつかめました。天皇を退位させない、というマッカーサーの方針、その結果としての憲法との関わりです。

二月十三日に、できたばかりの憲法草案を持ってホイットニー民政局長とケーディス民政局次長の一行が吉田茂外相公邸を訪ねましたね。時間をはかってB29を一機、低空で飛ばしてその轟音で脅し、ヒロシマの原爆をにおわせる会話でやり手の白洲次郎を脅した。ケーディスはその翌々日、内閣書記官長公邸で開かれたパーティに行くのです。内閣書記官長というのはいまの内閣官房長官と同じようなものと思ってください。

詳しい話は後日にいたします。

東京裁判についてですが、四月にマッカーサーは二十八人を被告人として起訴する、という書類にサインしました。

東京裁判が開廷するのは五月三日です。巣鴨プリズンに収容されているA級戦犯二十八人に起訴状が伝達されたのは四月二十九日でした。

わかっているな、昭和天皇の誕生日だぞ。あなた方は、代わりに罰をうけるのですよ。マッカーサーのメッセージを、そう読み取ることができます。それだけではなく、もう少し深読みすれば、一幕目は天皇、二幕目はつぎの天皇、つまり皇太子明仁に武装解除を刻印させる、ということかもしれません。

第六章　退位せず

六本木の高台にそびえる楕円形の五十四階建ての六本木ヒルズは、深夜になってもオフィスの電気が全部消えるわけではない。ところどころ、それが三十五階であったり四十階であったりまちまちに斑(まだら)模様に、明かりがついている。東京が夜でも、ロンドンは昼でありニューヨークは朝であり、マネーの戦場は二十四時間休むいとまがない。

五十三階は森美術館、五十二階は展望台、その下の五十一階は会員制クラブで、和食、中華、フレンチ、イタリアンなどのレストランやバーがぐるりと周っている。

エレベータを五十一階で降りると右手にクラブの入口がある。そのとっつきにバーと喫茶店とレストランをまぜあわせたホテルのロビーのようなスペースのダイニング＆バーがあり、クラブ会員でなくても予約なしでもかまわない。フリーな待ち合わせに適している場所だ。それに昼間は人影もまばらである。

灰皿をもってきてもらい窓辺の席に坐った。真下に六本木通りと首都高速道路三号線が見える。左側には青山墓地の緑地帯が、右の方向に視線を移していくと首都高速道路の一ノ橋ジャンクションが立体的に交叉して銀座方向と目黒方向に分岐するあたりが望まれる。外国の大使館が多い。

人の気配を感じて窓辺から顔をそらして振り返ると、ツイードのジャケットに黒いワンピース、革のロングブーツを履いた女性が微笑んで立っている。

「少し遅れてしまいまして、すみません」

「いえ。あらかじめここからどこまで見えるのか、先に来てたしかめていたんですよ。まあ、お坐りください」

上半身がかがみ、胸のバロックパールのネックレスが微かな音をたて揺れた。

「先日、文面で説明しましたが、ホイットニー民政局長やケーディス民政局次長が吉田外相公邸を訪れたのが昭和二十一年二月十三日です。吉田外相公邸は、ほら、あのあたり。青緑色のガラスの高層ビルが見えるでしょ。泉ガーデンタワーの近くです」

「B29が低空飛行で横切ったところですね。いまなら高層ビルにぶつかってしまうわ」

「それと原爆で脅かして、決めるべきときには期限をはっきりさせて決めてしまう、そこがアメリカのやり方だよね。日本側は、ただズルズルと回答を引き延ばしているだけのように見える。だけど情報収集はしていたみたいです。外相公邸があった位置からもう少し右の手前、一ノ橋ジャンクションの方角を見てごらん」

「東京タワーが見えます」

「そうそう。あの手前の一帯の町名は麻布台や東麻布ですが、一部に住居表示が戦前のまま残ったエリアがあります。麻布狸穴（まみあな）町と麻布永坂町です。二つとも六本木と麻布台や東麻布に囲まれたほんとうに狭いエリアです。建物の陰で見えませんが、繁った樹木のなかに美しい白亜の平屋の建物があります。いまそこは京橋のブリヂストン美術館の事務局として使われていますが、もとはブリヂストンの石橋正二郎邸です。昭和二十一年の一月から、内閣書記官長の公邸になっていました。書記官長はいまの官房長官と同じで、首相の動向をすべて把握しながら内閣を切り盛りする女房役ですね。その白亜の公邸へ運命の糸に手繰られるようにお祖母さまがおでかけになるのです。二月十五日でした」

子爵夫人がケーディス大佐と初めて出逢ったのは二月十五日だった。

ホイットニー民政局長（准将）、ケーディス民政局次長（大佐）、ハッシー統治課長（中佐）、ラウエル法規課長（中佐）の四人が、吉田外務大臣公邸で憲法草案を渡した翌々日のことである。

軽井沢から帰ってきて「わたしは力強く生きて行きたいと思う。どんな冒険をしても、生きている喜びを感じたい」と日記に記したが、そのうちに年も暮れた。「いまの主人との暮らしは、ただ空虚だわ。なにもない。退屈とは違う。からっぽ。わたしの生きている時間はただの空白。わたしは空白には耐えられない」と書いた。

なにかしたい。隣の鍋島子爵夫人から、戦争孤児のための慈善事業をしませんか、と声をかけられた。

新橋の第一ホテルのロビーを借りてバザーをやり、その収益金をキリスト教系の戦災孤児施設に寄付をする。空襲で燃えなかった家も少なからずあり、茶器や漆器や屛風や日本画あるいは質のよい和服など、人気があった。

朝霧の並木道を二人で大きな風呂敷づつみをかかえ、新橋方面へ行くために路面電車の停留所へ向かった。すると後ろから走ってきた大きな自動車が軋んだブレーキ音をたてながら急停止した。髭面の恰幅のよい紳士が身を乗り出して、手招きしている。若い秘書と思われる男がていねいにドアを開けた。

肩幅の広い四十代の男は「書記官長の楢橋です」と名乗った。大きな風呂敷づつみを見つめるので「第一ホテルまでバザーに」と説明した。

楢橋が見つめていたのは風呂敷づつみをかかえている二人のほうだった。

「お美しいご婦人方、新橋までご同乗ください。帰りにもこの自動車を差し向けますからどうぞご利用ください」

楢橋は昭和二十一年一月、幣原内閣の書記官長に就任したばかり、時の人でもあった。子爵夫人の住まいの近くに私邸があり自動車で走りすぎる姿をしばしば見かけていた。

この物腰が洗練された楢橋渡（わたる）という人物は、新しい時代の波にうまく溶けこむ才覚があった。福岡県の久留米で生まれ、高等小学校を卒業して北九州の炭鉱で五年間も坑夫としてはたらき、十八歳で上京して三年間の独学で高等文官司法科試験に合格した。やり手の弁護士となり、二十四歳でフランスへ留学した。リヨン大学とソルボンヌ大学で勉強した。陪審法を調査するためである。幣原喜重郎の名前はヨーロッパで知られていた。昭和十四年に帰国し閑居していた幣原に会っている。手腕があるから北京でいちばん有名なホテルの北京飯店の経営に携わったりして、昭和十七年の翼賛選挙に非推薦で出馬した。非推薦の出馬は反東條と見られるので腰を引く者が多かったが、当選した。

敗戦で幣原内閣ができた。混乱期こそ楢橋の舞台だった。二月十三日にホイットニーらが吉田外相公邸を訪れたことは秘密にされていた。幣原首相にはホイットニーから耳打ちされているので書記官長として内閣を切り盛りしていた楢橋もわかっている。だが吉田外相と松本博士は口が固いし、幣原ルートだけでは憲法改正の進捗状況がつかみにくい。

書記官長公邸は、同じ久留米出身のよしみで石橋正二郎ブリヂストン社長の麻布永坂町の邸宅を借りていた。外国の大使館が多いそのあたりは空襲でも配慮されたようで、樹木が繁る白亜の平屋建ては無事だった。

子爵夫人たちの第一ホテルのバザーは好調だった。第一ホテルは若手将校たちの宿泊所であり、近くに女性兵士の宿舎もあった。茶器や漆器、着物も飛ぶように売れた。楢橋の自動車で帰宅すると、勝手口に、抜けるように色が白く、背の高い上品な三十代の女性が現れて、ていねいに頭を下げた。

「楢橋の家内でございます。突然で申しわけありませんが……」

明後日の夜、書記官長公邸で総司令部の高官たちを夕食会に招いている。自分ともうひとり部下の奥さんと二人だけではたいへんなので、同席していただきたい。英語やフランス語ができ、社交に慣れている女性はめったにいない。女子学習院を出た子爵夫人にぜひお手伝いをお願いしたい。楢橋の妻は、外国暮らしに慣れているのか、ごく自然に手を握って言った。

「奥さま、ぜひお願いしたいですわ」

迷ったが、戦争がはじまる前、夫と二人で大使館などで開かれるパーティに出席したことがある。鍋島夫妻ともよく同席した。英語の会話は二人とも慣れている。フランス語もできる。

身に着けていく衣装がないのでお断りします、と言うと楢橋夫人は、どこからか上質な着物を手に入れてきた。薄紫地に桃の花が咲きほこり、木に小鳥が二羽とまっている裾模様の振り袖である。既婚者は振り袖を着ないので、高価な刺繡をほどこした振り袖を短く切った。

パーティは夕刻からはじまった。ホールにはシャンデリアが輝き、敗戦直後とはとても思えない、と子爵夫人は眼を見張った。ざわめきが心地よかった。陸軍将校も海軍将校も礼装用の軍服を着ていた。白亜の邸宅は小さな鹿鳴館だった。

「お客さまは陸軍の将校と海軍の将校がそれぞれ四、五人ほど。迎え入れる側は楢橋夫人と横浜正金銀行の戦前のニューヨーク支店長夫人、鍋島夫人、そしてわたしの四人。わたしたちは適当に男性の間に坐る。メニューはハンバーグステーキとお野菜。お酒はスコッチ」

ケーディス大佐、ハッシー中佐、ラウエル中佐が招かれていた。彼らは物見遊山できたわけではない。ラウエル中佐は二月十五日のパーティについて、ホイットニー民政局長に報告書を提出している。

「楢橋氏は非常に遅く帰宅しました。楢橋氏の帰宅を待っている間、われわれは、ゆっくりして楢橋家の人びとと夕食を共にするよう、招待を受けました」

食事を終えると別室に移り、めいめいウイスキーグラスを片手にしゃべったり、あるいは話し込んだり、音楽にのって踊ったりした。

「二人の将校がわたしの前に立った。鍋島夫人と顔を見合わせると、シャルル・ボワイエに似た将校が、わたしを指名した。もう一人の背の高いがっちりした体格の将校は鍋島夫人の手をとり……」

映画俳優に似た男がケーディス大佐で、頑丈そうな男はラウエル中佐である。

楢橋書記官長が顔を出したのは夜十時だった。

ラウエル中佐の報告書によれば、楢橋は「快活で満足げな様子で、（三時間も遅れてきたのに）すぐに舞台の中心人物」となった。そしてこう言った。

「新しい憲法が成立すると、華族がなくなり、ここにおられる二人の子爵夫人方のような貴族の方々が、一般国民と同じレベルに立つことになります」

つまり楢橋は、ケーディス、ハッシー、ラウエルの三人組を他の軍人と区別して認識していたのである。新しく自分が入手した大磯の滄浪閣（そうろうかく）へ招待したい、と得意なフランス語でケーディスに懸命に説得を試みた。ケーディスはユダヤ人でフランス国境近くのスペインで生まれ育った。滄浪閣は初代首相伊藤博文がつくった別荘である。滄浪閣は海辺にある。楢橋は、子爵夫人たちとピクニックに行きましょう、と誘った。ラウエルの報告書を引く。

「このピクニックについてしばらく話したあとで、彼は、この家は、日本の最初の憲法を起草した伊藤公がかつて所有していたものです、と語りました。そして彼は、一所懸命に、このピクニックを最も早い機会にするよう話を取り決めようとしました」

パーティは十一時に散会した。そして楢橋が渇望する二月十七日の日曜日のピクニックが実現した。

第一ホテルの前で楢橋夫妻と同じ顔ぶれの三人の夫人たち。アメリカ側はケーディス、ハッシー、ラウエルであった。三台の自動車に分乗した。楢橋の計算がはたらいていた。子爵夫人は帰宅した夜に記している。

「わたしが乗った自動車は、ケーディス大佐と二人だけ。軍帽をとると茶色の厚い髪が、風に揺れている。保護者のような権威を感じる」

風の強い芝生のうえでバーベキュー・パーティが繰りひろげられた。話題は新しい憲法について終始した。夫人たちはもっぱらバーベキューの料理番に忙しかったが、シビリアンを日本語にすると何になるのか、などと夫人たちの意見が訊かれた。軍人が武官だからシビリアンは文官かしら。結局、文民という言葉に落ち着いた。

男たちは討議に真剣だったが、松林は静けさにつつまれ、遠くの波の音が聞こえた。二月二十四日に、二度目の滄浪閣へのピクニックが行われた。ケーディスとハッシーの二人が署名した報告書に、楢橋は、アメリカがつくった草案は、日本がつくったと見せかけないと幣原首相がテロリストに襲われる可能性がある、と述べたことが記録されている。このとき楢橋は、三月三十一日に予定されている総選挙を四月十日に延期するつもりだと説明している。ワシントンの極東委員会は四月三日に「天皇不起訴」を決めると予想されていたので、その決着をつけてから幣原首相が国会を解散したほうがよいからだ。

十一月になると日没が早い。夕刻の黄昏（たそがれ）色に染まる時間は短く、たちまち光の点滅する夜景に変わった。

「シャルル・ボワイエという映画俳優を知っていますか。イングリッド・バーグマンと共演した『ガス燈』が有名です。ケーディスと同世代、ちょっと年長かな」

「祖母は、楢橋さんに利用されたのかしら」

「それはケーディスも同じでしょう。でもお祖母さまもケーディスも、二度目のピクニックに行きました。お互いに一目惚れしたからでしょう」

「二人とも夢中になった」

「その話をもっとしたいのですが、不粋ですみません。お祖母さまの日記に、二度目のピクニックのときに話し合われたことが書いてあって、そこが僕にはとても興味深い」

日記のその部分を開いた。ペン字は染みて読みにくいが、はっきり意味がとれる。

「日本がふたたび戦争を起こさないよう、がんじがらめにしようとしつつも、国民が自分たちを守るためにはどうしたらよいか、ということを討議していた」とある。

「戦争放棄について、非武装ということではないとケーディスは考えていたようです。ケーディスがタイプを打ったマッカーサー三原則には『国権の発動たる戦争は放棄する。日本は、紛争解決のための手段としての戦争、さらに自己の安全を保持するための手段としての戦争をも、放棄する』とありました。ところが『さらに自己の安全を保持するための手段としての戦争をも』の部分を、草案をつくる際に削除したのです。戦争放棄といっても、外敵の侵入を撃退したり内乱を鎮圧するための戦争は、自衛権があるのは当然で、何もかも放棄はおかしい。モスクワでは、日本を二十五年間も非武装化すると主張しているというので、そうさせるわけにはいかない、とのちに言っています。この時期に楢橋らとその討議をしていたことが、お祖母さまの日記からわかったのです」

「自衛隊と呼ぶのはそういう意味なんですか」

楢橋はピクニックを情報収集に利用したが、ケーディスもあえて拒絶しなかった。一度のパーティ、二度のピクニックのあと、ケーディスは子爵夫人の家に出入りするようになった。いつも土産を持参した。もらっていちばんありがたいものは食糧である。ケーディスは心得ていた。ジープで乗りつけて、門のところでクラクションを鳴らす。いつも肩に野戦食を担いで、ドアをノックした。アメリカ軍の軍隊用野戦食にはCレーションとKレーションの二種類があった。Cレーションは、缶詰六個で一セットになっている。缶詰には、いんげん豆と牛肉、野菜入りシチュー、挽き肉と野菜、など中身はいろいろあった。Kレーションは防水処理した長方形の段ボール箱に三食分が入っていた。軽い昼食分でも、プロセスチーズ、クラッカー二包み、角砂糖三個、ガム一個、粉末レモン、キャンディもついている。

肩に担いできた食糧はCレーションであったり、Kレーションであったり、その組み合わせであったり、なにが飛び出すか、子爵夫人と息子は大声ではしゃいだ。息子はケーディスをアンクル・チャック（チャールズ）と呼んでなついた。ケーディスは自分の配給分をためておき、仲のよい同僚からも外食して食べなかった分を集めておいた。

「ちょっとドライブしよう」

ジープで散歩に出た。石の階段があった。石段にぶつかるかと思ったら、四輪駆動のジープは横揺れしながら下から上まで登ってしまった。自動車が階段を登るなんて、信じられなかった。

そのうちジープで訪問していたケーディスは、いつの間にかクライスラーの黒塗りの新しいセダンを運転していた。子爵夫人の家で奉公していた娘が、千葉の九十九里浜の近くに嫁いでいて、おコメでも野菜でもいくらでもあります、と便りがあり、そこへ行きたいとケーディスに言うと、舗装もしていない田舎道を砂塵を巻きあげながら長時間かけていっしょに走った。

無気力な夫との仲は冷えきっていた。息子の傘がこわれ、雨の日に学校へ通うのに困った。あらゆる物資は配給切符がないと手に入らない。闇ルートで買えば、かなりの金額になる。

夫に相談した。

「傘がこわれてしまって使えないの。どうしましょう」

夫は読みかけの本に没頭している。

「仕方がないじゃないか。傘がなければぬれていきなさい。それがいやなら休めばいい」

その答え方で、気持ちが吹っ切れた。ケーディスは夫にないものをすべて備えている。決断力、包容力、弱い女や子供をいたわり、養う力。勝者と敗者という立場の違いとは別のものだ。週末、ケーディスと二人で軽井沢の別荘へ行った。家を留守にして外泊しても、もう平気だった。新緑の季節だった。疎開から一年が過ぎようとしていた。軽井沢の野原を少年少女のように手をつないで走り回った。

帰宅すると、物陰から誰かがいつも監視している。そんな気配を感じた。かなり距離をおいて薄黒い自動車が付いてくるときもあった。ケーディスは気づいて、両手をひろげ肩をすくめた。

「尾行しているやつがいるよ」

この尾行は誰が命じたのか、一年後に明らかになる。

警視総監の斎藤昇の『随想十年』によると、山梨県知事から内務次官に転任したときのあいさつまわりで総司令部を訪れた昭和二十二年二月、「民政局の有力な某大佐」にこう言われた。「某大佐」とはケーディスを指している。

「どうも最近警視庁の警察官がわれわれ駐留軍の軍人の女友達やその身辺を調べているという風評がある。もしこれが事実だとすれば、まことにけしからぬことだと思う。そういう事実の有無をよく調査して、警察官がかようなことをしないように厳重に警告をする」

斎藤次官は内務省へ戻り、部下に調べるよう指示した。そのような事実はない、何らかの誤解ではないか、と報告された。一カ月ほど経ち、某大佐から呼び出しを受けた。

「私の女友達の数名の友人のところ、あるいはその勤務先等に警視庁の警察官が調査」にきた。そのときに名刺を置いていった。名刺という証拠をつきつけられた。

斎藤は「警察官が機密の調査をするのに名刺をおいて行ったとは、ばかなことをしたものだ」と内心思いながら引き下がり、内務省へ戻るとまた部下を呼んだ。

結局、「吉田内閣の某要人S氏」が「警視庁に調査させていた」とわかった。

しかし、そう答えると政治問題に発展するかもしれないので、「事実を糊塗しようと考えた」のだ。ウソをつくしかない。

「調査の理由は、進駐軍物資を日本の婦人のもとに運ぶ将校がいるという投書に基づいて、その事実とその証拠を確かめるためのものであった。調査をしていた事実があるが、その調査の結果は違法な手続きで運び出された物資でないというのがわかったのでこの捜査は打ち切った」

すると「某大佐はその報告を聞いて、その将校は何という名であったか」と訊ねた。斎藤が「しかじかと答え」たら、「それはわたしの愛称である。それで事情はよくわかった。日本の警察としてさような投書があれば調べるのは当然である」と、ふふと笑った。

斎藤はこの半年後に内務次官から警視総監となり、警視庁長官もつとめてその任期を合わせると八年もトップにいた。ケーディスの「愛称」はチャックで、斎藤は「しかじか」

のことである。

と記録に残らないように苦慮している。「吉田内閣の某要人S氏」とは、因縁の白洲次郎

極東国際軍事裁判（東京裁判）が開廷したのは昭和二十一年五月三日だった。

翌年、この五月三日が新憲法の施行日となることは誰も知らない。ケーディスら一部の総司令部の幹部を除いて。

総選挙の結果、吉田茂の自由党が第一党となり幣原喜重郎の進歩党は議席を減らして第二党となった。その結果、幣原内閣は瓦解し、楢橋書記官長も表舞台から去った。第一次吉田内閣は五月二十二日にスタートした。吉田茂新首相は、外相時代に松本博士とともに「象徴天皇」ではなく「天皇大権（国体護持）」を主張してホイットニーやケーディスらに抵抗した。だが新憲法の草案は極東委員会で確認され「天皇不起訴」と決まっている。すでにレールは敷かれている。新憲法は国会に上程され、十月に成立した。

戦時中に大本営参謀本部がおかれた市ケ谷台が、東京裁判の舞台となった。

皇太子明仁が疎開していた奥日光より上京した高杉中佐が、昭和二十年八月十五日の朝、詳しい情報を求めて参謀本部第二部長の有末中将を訪ねている。そのとき、陸軍将校たちが集結していた場所、阿南陸軍大臣から日本は負けたのだ、と告げられたその薄暗い場所

は陸軍士官学校の講堂であった。

その講堂が東京裁判の公判廷として改装され、天井には七十個も電灯がつけられた。同時通訳の設備も用意された。二十八人のA級戦犯はみなイヤホーンをつけている。

東京裁判の最大の焦点は、天皇を法廷に出させるか、出させないか、だった。

構図は、ケーディス大佐が持参してきた「初期対日方針」に示された状況と変わりはない。「最高司令官または連合国の適切な機関」とは、マッカーサーと極東委員会の二つの権力が並立するという意味である。だが十一カ国による極東委員会は、四月三日に「天皇不起訴」を決めた。二つの権力は、ここでいったん同じ地平に立った。にもかかわらず、昭和天皇を裁くべきだという戦勝国の世論は、東京裁判の地底にもぐりマグマとなってふつふつとたぎっていた。

オーストラリア人の裁判長のウィリアム・ウェブは、「昭和天皇を訴追すべし」と広言してはばからない人物だった。白髪を七三に分け、太い眉に下がり眼で大きな鼻が際立ち、皺の深い口からしばしば辛辣（しんらつ）な言葉が飛び出した。

東京裁判は「平和に対する罪」が「法の不遡及」の原則に反するために、冒頭から波乱含みだった。五月十四日、大柄な体軀のアメリカ人の弁護人が発言台に立った。三十八歳のベンブルース・ブレイクニーはハーバード大学を卒業し、戦時中は陸軍少佐で情報将校だったので日本語も理解できた。

ブレイクニー弁護人は、国家利益のために行う戦争を、国際法ではこれまで非合法とみなしたことはない。「平和に対する罪」と名づけられた訴因は、すべて、当法廷により却下されねばならないと主張した。

「戦争での殺人は罪にならない。それは殺人罪ではない。戦争が合法的だからです。合法的な人殺しなのです。たとえ嫌悪すべき行為でも、犯罪としての責任は問われませんでした」

それから、「真珠湾爆撃による殺人罪を問うならば」と言い、かなり間をおいて、声を低めて、ゆっくりと右手の掌をうえにひろげてから衝撃的な発言をした。

「我われはヒロシマに原爆を投下した者の名をあげることができる。投下を計画した参謀長の名も承知している。その国の元首の名前も我われは承知している」

廷吏にコップの水を要求してから、「何の罪科で、いかなる証拠で、戦争による殺人が違法なのか。原爆を投下した者がいる」と声を張り上げ、コップを受け取って、「原爆の投下を計画し、その実行を命じ、それを黙認した者がいる。その人たちが裁いている」と言い切り、ぐっとコップの水を飲んだ。

なかなかの堂々としたプレゼンテーションである。このくだりは速記録では「以下通訳なし」として、印刷されなかった。

六月四日の検察側冒頭陳述、主役はこれもアメリカ人、ジョセフ・キーナン首席検事である。ロイド眼鏡にワシ鼻、四角いエラが張った顎、肩幅が広く押し出しが強い。「裁判長、これは特別の裁判です」と語りかけ、「我われはここに集まり、文明のための戦いを開始して、全世界を破滅の淵から救うのです。彼ら（被告人）は文明に対して宣戦を布告したのです」と、反駁した。冒頭陳述は、英文にして四万字にのぼる厖大なものだった。

こうしたアメリカ人同士の論理による激しいつばぜり合いは、日本人の弁護人らを驚かせ、戸惑わせた。たとえば広田弘毅元首相を担当していたデビッド・スミスという弁護人は、いきなり、「この裁判はマッカーサーの越権行為」だと主張するのだ。

「東京の国際法廷は、アメリカの一市民のマッカーサー元帥によって設置されたものでしかない。マッカーサー元帥は、この裁判所をアメリカの行政部門（大統領）の命令によって設置したが、アメリカの立法府の承認を得ていない。したがって憲法違反といえる」

東京裁判はアメリカの議会の承認を得ていない、と一貫して言いつづけた。日本人の弁護人や被告人らはアメリカ人の弁護人に対して、あのヤンキー野郎、と反撥した。アメリカ荒木貞夫大将（陸軍大臣）を担当した弁護人の菅原裕も、そのひとりだった。

の弁護人がすぐにオブジェクション（異議）と叫ぶ。その十中八九が却下されても、かまわず執拗にまた叫ぶ。その姿は「あまりの醜態」と映った。被告人のなかには「アメリカ人は仕方ないが、日本人弁護人は自重してください。いやしくも異議をいうなら、採用される見込みのあるものを堂々とやってください」と頼む者もいる。

菅原もはじめはそう思った。だが実際に裁判が進むにつれ、アメリカの弁護人のやり方のほうが正しいとわかってくる。判事や検事らの発言をそのまま放置して異議を唱えずにいると、「弁護側は満足している」と解釈される。とにかく異議を唱えておけば、却下されても弁護側が満足していない、との心証が残り、記録にとどめられる。

そうわかってきたとき菅原は、かつての日本のリーダーだった被告人とこう語り合って苦笑した。

「これが日本人が外交で失敗した機微だろう。日本人は語学が下手なためもあろうが、いやしくも発言する以上は、堂々といってやろうと自重しているうちに、日本代表は満足しているとみなされて、会議は済んでしまったのであろう」

その会話の輪にアメリカの弁護人も加わった。日本人はよくわからない、と不思議がって言った。

「ハワイの爆撃をやるくらいなら、なぜもっと強気の外交交渉をしなかったのか」

とくにスミス弁護人のやり方は、日本人にはカルチャーショックを与えた。左手を上着のポケットに突っ込み、裁判官に異議を唱える場面は俳優のグレゴリー・ペックのようにさまになっていた。

だが予期せぬことが起きた。スミス弁護人の証人訊問にしばしばウェブ裁判長が介入した。スミスはツカツカと歩みよって「不当なる干渉（undue interference by tribunal）」と抗議した。それがウェブ裁判長の逆鱗（げきりん）に触れた。

ウェブ裁判長は、「法廷内においては、ていねいな言葉を使わねばならぬ。不当なる干渉というような言葉を取り消して、かつ陳謝せよ。そうしなければ、退席させる」と甲高い声で言った。

「二十年間弁護士をしているが、アメリカの法廷ではふつうに使われている言葉だ」

「だめだ。不当なる干渉という発言を撤回しないかぎり、だめだ。謝れ」

「承服できない」

ウェブ裁判長は十五分の休廷を宣言した。再開しても「スミス弁護人が発言を取り消すか陳謝しないと退廷」と繰り返した。スミス弁護人は「発言を撤回しない」と譲らず、弁護人席にもどると、書類をまとめて小脇に抱え、ゆったりとした足どりで法廷から去って行った。

その後、弁護人の資格を奪われたスミスは、新聞記者席の末席に陣取って法廷の審理を凝視していた。スミスが広田元首相の弁護のために一年にわたり準備してきた資料や作戦はこのままでは無駄になる。スミスは執拗に機会を窺って、半年後、広田元首相に対する弁護側反証が始まる直前の昭和二十二年九月五日、法廷に立ち、「過日の言葉に対して深い遺憾の意」を表明しようとした。ところがウェブ裁判長は発言をさえぎって、「今日はイギリス、ニュージーランド、インドの判事が欠席しているので、あらためて月曜日にその申したてをしてほしい」と拒絶した。怒ったスミスは「月曜の朝、再びここに帰ってくる意思はない」と、そのまま帰国してしまった。格好いいのかもしれないが肝心なところで姿を消してしまっては被告人の広田弘毅には不利にはたらく。その後、日系二世のジョージ山岡が引き継いだ。

東京裁判の根拠そのものを認めないスミスは、いずれ判決が出たらワシントンの最高裁で争えばよい、と考えていたから、帰国したのである。

木戸幸一が陳述台に立ったのは昭和二十二年十月十四日、昭和天皇に戦争責任があるのかないのか、ついに焦点があてられるときがきた。キーナン首席検事は、マッカーサーの方針にもとづいて、昭和天皇を証人として引き出されないよう細心の注意を払って、質問した。

五十八歳になった天皇の元側近は、小柄で縁無しのメガネ、口髭、ふだんは蝶ネクタイ姿に上流階級らしい気品と冷たさを漂わせていたが、この日はダークなダービータイをしていた。木戸は昭和五年から巣鴨プリズンに収容されるまで十五年間にわたり日記をつけていた。その日記は証拠書類として提出されている。

キーナン首席検事はマッカーサーと打ち合わせ済みであり、日米開戦が昭和天皇の意思によって行われたのではないことを証明したかった。近衛内閣の時代、昭和十六年九月六日に開かれた昭和天皇臨席の御前会議で実質的に開戦が決まったが、その御前会議と、東條総理大臣任命の経緯について訊ねた。

キーナン検事は、誘導訊問をした。

「御前会議におけるこの決定は、天皇自身が決定したのか、それとも他の人が決定したものを、単に公式に認めたに過ぎなかったのか、どうですか」

天皇はハンコを押しただけです、という答えをキーナン検事が期待しているのに、木戸はぐじゅぐじゅと天皇と政府、政府と軍部との制度上の権限と慣習について述べるだけで、聴いている人には意味がつかめない。手続きに終始するのは日本の役人のつねである。法廷がプレゼンテーションの場だと、この密室の番人に求めても無理だった。

裁判長席のウェブは興味津々で、右手で頬杖をつき、キーナン検事と木戸のやりとりを見つめていた。

キーナン検事はつぎの質問に移った。

「あなたが東條を、総理大臣の地位にすえたとき、つまり一九四一年(昭和十六年)十月半ば、あなたは彼の手に、日本の戦争か平和かの選択を委ねたのですね」

そうです、と言えば終わりなのに、またぐじゅぐじゅ答弁で要領を得ない。

仕方なくキーナン検事が筋書きを説明した。

「わたしの理解が正しければ、あなたが東條を首相に選んだ第一の理由は、あなたの意図に、東條なら陸軍をしっかりコントロールできるということがあったからですね。そうですね。彼が総理大臣にならなくては、陸軍を指導できなかったのですか」

木戸は左手で額の汗をぬぐいながら、「それは、説明を要するところであります」と答えた。いらいらしたキーナン検事は「手短に願います」と迫ると、また手続き論に終始した。木戸では駄目だった。キーナン検事は十二月に予定している東條英機への訊問で、うまくやろうと考えた。

昭和二十二年十二月二十六日、東條がいよいよ法廷に登場した。襟章なしの軍服姿で陳述台に坐った。

英文で六万語、日本語で二百二十ページもある東條口供書が提出されている。アメリカとの戦争は自存自衛のためにやむを得ず開始されたものだ、憲法上では政府に対して軍部が独走しても構造的にそれを抑制する機関がなかった、という趣旨で書かれていた。

この宣誓口供書を弁護人が土曜日、日曜日を挟んで十二月三十日に読み終えた。読むだけで三日間を費やした。

翌十二月三十一日午前九時三十三分の開廷直後、木戸幸一の弁護人ローガンが東條にこう質問した。

「天皇の平和希望に対して木戸侯が何か行動をとったか。あるいは何か進言したという事例をひとつでもおぼえておられますか」

ローガンは木戸を弁護する答弁を東條から引き出すつもりであった。が、東條は「天皇」という言葉に緊張し、自分の信念を披瀝する。

「そういう事例はない。日本国の臣民が陛下のご意思に反して、あれこれすることはあり得ぬことです。いわんや、日本の高官においてをや」

得ぬことです。

胸を張っていい切った。法廷はざわついた。キーナン検事は、まずい、という表情で東條をにらみつけた。ウェブ裁判長が見逃すはずがない。すかさず発言した。

「ただいまの回答がどのようなことを示唆しているか、よく理解できるのであります」

天皇免責派のキーナン検事にとって、明らかに東條のホンネは失言であった。戦争も、そのなかの残虐行為もすべて昭和天皇の意思ということになる。

ただちに明確なかたちでこの東條発言を訂正させる言葉を導き出さなければ、昭和天皇の法廷喚問がありうる、とキーナン検事はあせった。ソビエト・ロシアのゴルンスキー検事は、閉廷後、顔をほころばせて「これで天皇を訴追する充分な根拠ができましたね」と声をかけてきた。

昭和二十三年一月一日は休廷、二日から再開された。キーナン検事は、東條に期待どおりの陳述をさせるため、日本人の弁護人のほかさまざまなルートで裏工作を試みた。だが一月二日の陳述でも、東條は勘どころをとらえていなかった。三日が土曜日、四日が日曜日、キーナンの裏工作はつづいた。

一月五日の陳述は、少しうまくいきかけた。一月六日の陳述にキーナン検事はかけた。

「さて一九四一年十二月、戦争を遂行するという問題に関する天皇の立場とあなたの立場の問題に移ります。あなたはすでに法廷に対して、日本の天皇は平和を愛するとあなた方に知らしめたといっていることは正しいか」

「もちろん正しい」

「そうしてまた日本臣民なる者は何人（なんぴと）たるも天皇の命令に従わないことは考えられないと

いいました。それは正しいか」

「それはわたしの国民感情を申し上げていた。天皇の責任とは別の問題です」

「しかし、あなたは実際に米英蘭（アメリカ、イギリス、オランダ）に対して戦争をしたのではないか」

「わたしの内閣において戦争を決意しました」

「その戦争を行わなければならない、行え、というのはヒロヒト天皇の意思であったか」

「意思と反したかもしれませんが、とにかくわたしの進言、統帥部その他責任者の進言によってしぶしぶご同意になったというのが事実でしょう。而して平和愛好のご精神で最後の一瞬にいたるまで陛下はご希望をもっておられました。そのことは開戦のご詔勅のなかにある〝朕の意思にあらず〟という意味のお言葉にあらわれています」

昭和天皇の免責には充分な答弁で、キーナン検事は満足し、さりげなく訊問を別の問題に移した。

東條はその日、巣鴨プリズンの独房に帰ると日記にこう記した。

「肩軽し　これで通すか　閻魔大王」

キーナン首席検事は翌一月七日、マッカーサーに東條陳述の経過を報告した。あとは判決だ。オーストラリア人のウェブ裁判長をどう孤立させるか。東條を絞首刑にして、昭和天皇を退位させない、というマッカーサーの作戦は仕上げ段階に近づいた。

東京裁判が結審したのは昭和二十三年の春である。開廷は二年前の昭和二十一年五月三日であり、長い審理だった。判決がいつ下されるのか、夏なのか秋なのか判然としない。この二年間で第一次吉田内閣は一年で総辞職、社会党首班で進歩党と連立した片山哲内閣が八カ月で総辞職、民主党首班で社会党と連立した芦田均内閣は昭和電工疑獄事件で七カ月で総辞職、とめまぐるしく政権が交代している。

昭和天皇が退位するかもしれない、という噂が海外にまで拡がったのはこの年の夏ぐらいからであった。戦争責任を問う声は終戦直後からあったが、この時期には表向きは沈静しているはずで、それがぶり返したのは最高裁長官の三淵忠彦が「週刊朝日」五月十六日号の座談会で「ぼくはね、終戦当時、陛下はなぜに自らを責められる詔勅をお出しにならなかったかということを非常に遺憾に思う」と述べたからである。

東京裁判の結審は四月十六日、座談会はその直後ということになる。いわば体制側の法律の番人のトップと見做される人物の発言となれば、外国のメディアが反応するのは当然だろう。前年、昭和二十二年秋にも「ニューヨーク・タイムズ」は社説で退位を主張していた。「国を指導し、破壊と荒廃の結果を招いた天皇は徳性に欠けたと評せざるを得ない」

と書いている。だから、「ニューヨーク・タイムズ」はすぐに飛びついた。通信社も打電した。

三淵最高裁長官の発言のあと、東大総長の南原繁も、外国人記者の前で「天皇の自発的行為」として、つまり自ら進んで退位するべき、と述べたから波紋はさらに拡がった。

東京裁判の判決は、東條英機を筆頭にA級戦犯の死刑が予想されていた。判決を言い渡されるA級戦犯は二十五人だった。松岡洋右元外務大臣と永野修身海軍大将は獄中で死亡、民間人の思想家・大川周明は発狂してすでに除外されている。

二十五人のうち、昭和天皇の側用人というべき木戸の存在が退位説の火種となっていた。東條陸相を首相にすれば……、と推挙したのは木戸だった。昭和天皇は「虎穴に入らずんば虎児を得ずだね」と納得した。その東條が日米開戦の責任を認めたのだから、東條が死刑ならば、木戸も死刑だろう、と予測された。

昭和天皇は木戸を楯にして軍人や政治家に対していた。その木戸が責任を問われて死刑になるなら、自分は退位する、と言い出すかもしれない。

総司令部外交局長のウィリアム・シーボルトは、芦田均と夕食をともにした際に天皇退位を仄めかされた。芦田が首相を辞した翌日、昭和二十三年十月八日のことである。

「天皇の退位の問題は、戦犯の判決と複雑にからみ合っている。そして、退位への圧力は非常に強くなるだろう」

外務省出身で流暢（りゅうちょう）な英語をしゃべり、櫛でていねいに整えられた白髪、温和で洗練された物腰の法学博士の芦田は、日本流の婉曲的な表現を逸脱したわけではない。だが声の調子や身振り手振りから、むしろ事態は深刻である、そうシーボルトは受け止めた。

天皇退位説の話題はつづいた。十一月一日付の読売新聞はトップ記事で、吉田茂首相がたびたび天皇と秩父宮殿下を訪問したのは退位と直接の関連があるのではないかと報じた。憶測記事でも一面を飾るのである。

十一月二日に、判決公判の日程が発表された。判決文は一千二百ページに及ぶ膨大なもので、その朗読だけで十一月四日から十二日までかかる。判決の言い渡しはその十二日の午後である。

十一月十二日午後三時五十五分、ウェブ裁判長が被告人をひとりずつ呼び、刑を宣告した。傍聴人席は五百人の定員一杯だった。判事席、検事席、弁護人席はそれぞれ埋まっているが、この日、被告人席には誰もいない。

その代わり舞台の袖から一人ずつ、被告人が登場するのだ。被告人控室から侘しい電球がひとつしかない薄暗い通路を通り抜け、ドアを開けるとそこがスポットライトの舞台であった。

アルファベット順だから最初にドアを開けたのは荒木貞夫（陸軍大臣）、モーニングの正装姿だった。白ヘルメットと白手袋をした長身のＭＰにともなわれて入廷してきた。被告人は同時通訳のヘッドホーンをつける。

「インプリズメント・フォー・ライフ（終身禁固刑）」

ウェブ裁判長の一本調子の硬い声がマイクを通して法廷中に響いた。放送席のラジオ中継のスタッフがこの声を拾った。法廷の張りつめた空気が裂け、声にならないざわめきが拡がった。荒木はヘッドホーンの同時通訳のせいでワンテンポ遅れて理解しうなずいている。頭を下げ踵を返した。二番目に立った土肥原賢二（陸軍大将）には「デス・バイ・ハンギング（絞首刑）」、木戸幸一は九番目に呼ばれた。

蝶ネクタイ姿の木戸の顔は紅潮し、終身刑を宣告されると、二度、三度と頭を下げた。階級章のない軍服姿の東條英機は最後の二十二番目である。つるりとした頭にまるい眼鏡、眉は薄いが口髭に軍人の名残が見える。両手を後ろに組みゆっくりとした歩調で入ってきた。いっせいに立ち上がった集団がいた。カメラマンである。この瞬間を待っていたのだ。東條は天井をちらりと見てからイヤホーンをつけた。日本語の通訳の声が絞首刑を告げると、それは承知のうえでここにいる、というふうに口角を崩して笑い、頷いた。

二十五人のうち賀屋興宣（大蔵大臣）、白鳥敏夫（イタリア大使）、梅津美治郎（参謀総長）

は病欠。アメリカ人の弁護人が代わりに立ち上がった。絞首刑は土肥原を含めて七人、終身刑は木戸幸一ら十六人。有期刑は二人のみ、東郷茂徳元外相が二十年の禁固刑、重光葵元外相が七年の禁固刑である。

ウェブ裁判長が閉廷を宣したのは四時十二分だった。一人一人に判決を言い渡すためにかけた時間は、わずか十七分にすぎなかった。その十七分のドラマは、ラジオ中継の音声でリアルタイムに全国に伝えられた。銀座では拡声器を備えた店に人だかりができた。皇居の濠の内側にも電波は等しく届いた。

昭和天皇はお文庫の居室棟のソファに坐って、この時間を待った。耳を凝らし聴くと、木戸が終身刑を宣告されている。ひとまず安堵するのだが、絞首刑の七人のなかに広田弘毅元首相がいたことには不意をつかれて動揺が収まらなかった。外交官出身の広田は軍人ではない。他の六人はすべて軍人、文官は広田のみだった。

中堅の侍従にすぎない四十三歳の入江相政（すけまさ）（この二十一年後に侍従長）は、率直で気楽な面があった。日記にこう書いた。

「ラヂオのスイッチを入れると丁度極東軍事裁判の判決を言っている。（略）木戸さんが絞首刑にならなくて本当に結構だった。今夜は、はしなくも祝宴のようなことになった。広田さんのは実に不思議だが、文官の代表という意味か、あるいはマッカーサーの特赦の余地を残したものか、後者であってくれればよいが」

広田の心配もしているが、「はしなくも祝宴」と正直に記した。『新古今和歌集』の撰者である藤原定家の血を引く入江は、立派な長い鼻が特徴の典型的な公家顔で、内面も相似るものがある。自分たちの関係者はあくまでも木戸であった。職場の先輩らと六人で会食して、「久々で愉快に話して九時に散会。かえってすぐ入床。酒がいい工合にきいて実に愉快である」と、その日を締め括っている。

勝者の裁判としての東京裁判に対する批判ないし冷笑は、占領する側の当事者たちにも意識されていた。だから量刑については、おおむね妥当な相場観がつくられればよいのであって、だれが絞首刑で、だれが終身禁固刑かはたいした問題ではなかった。だがマッカーサーにとっては、東條は絞首刑が当然、天皇が退位する危険をともなう木戸の絞首刑は避けなければならない。

死刑判決には、通常、全員一致でなくとも高いハードルが設定されている。だが東京裁判はそうではなかった。ナチス・ドイツを裁いたニュルンベルク裁判では、アメリカ、イギリス、フランス、ソビエト・ロシアの四人の判事のうち三人が賛成しないと死刑にはできない。同じ過半数でも東京裁判では六対五でも死刑判決ができる。五対六に逆転させれば終身禁固刑に変えることもできる。

五対六にもちこめば、木戸幸一は絞首刑にならず、天皇の退位を封じ込められる。十一カ国の判事のだれとだれが絞首刑派であり、だれとだれがそうではないのか。事前に情報を得ることは不可能ではなかった。

ソビエト・ロシアは一九四七年に死刑制度を廃止していた（一九五〇年に復活）。天皇の訴追にもっとも熱心だったオーストラリア人の強硬派ウェブ裁判長は、母国オーストラリアに死刑制度がないことを認識している。したがって公式判決文に「個別意見」（最高裁判所における補足意見のようなもの）を付して、「もしも天皇が戦争を希望しないのなら、彼の権能を発動させなければよかったのだ。そんなことをすれば、暗殺されたかもしれない、などといっても、それは答えにならない。すべての主権者は、その義務を果さねばならない場合には、危険をあえておかすべきなのだ」と記した。天皇が戦争に反対する意思があったなら、そのためにもっと明確な行動をとっていなければおかしい、と言いたいのである。そのうえで死刑には反対、つまり「どの日本人被告も、侵略戦争を遂行する共同謀議をしたこと、この戦争を計画および準備したこと、開始したこと、遂行したことについて、死刑を宣告されるべきではない」とした。

インドのパル判事は、やはり「少数意見」で被告全員の無罪を主張した。フランスのベルナール判事は、天皇が「一切の訴追を免れている」と批判し、被告たちは「共犯者」でしかなく「不当な責任」を負わされていると主張した。オランダのレーリンク判事は「少数意見」で「畑、広田、木戸、重光、東郷」は無罪だと主張した。

無罪を含めて死刑反対が、ソビエト・ロシア、オーストラリア、フランス、インド、オランダが五票。イギリス、中華民国、フィリピン、ニュージーランド、カナダの五カ国は死刑賛成。ここまで票読みができていたのであとはアメリカが反対票を投じることで木戸を絞首刑ではなく終身禁固刑にすることが可能だった。

処刑は短時日に行われると報じられた。だがウェブ裁判長から退廷させられたスミス弁護人が、ワシントンの連邦最高裁判所に、マッカーサーの法廷には正当性がない、東京に裁判所をつくったこと自体が越権行為ではないかと訴え出た。ワシントンの最高裁は、訴願の受理というよりいったん判決が下された東京裁判について、管轄権がアメリカにあるのかどうか審議しなければならない。

十二月六日（日本時間は十二月七日）、ワシントンの連邦最高裁は、訴えの聴取に同意した。この件に関する（判決の再審）管轄権がワシントンの最高裁にあるのかどうかを審議する、とした。判決から短時日で絞首刑が執行されるはずだが、これによって実際にいつになるか、予定がはっきりしない状態に陥った。

スミス弁護人の訴えは東京裁判の法廷内の日本人弁護士だけでなく、ごくふつうの日本国民をも驚かせることになった。

十二月八日付の朝日新聞社説は、東京裁判所の上級審でもない連邦最高裁が訴えを受理したことは意外であり、「法治主義、人権擁護を何より重んずる民主主義国として、法律上、一切の疑点を残さないという法の擁護者としての面目を感じるのである」と、民主主義の模範だと感嘆した。そのいっぽうで「処刑の延期に関連して誤った万一の希望を抱くようなこと」はあってならない。「ニュルンベルク裁判と同じく、戦争を防止し、世界平和を目指す歴史的な裁判」で決められた判決なのだから、と書いた。

日本の新聞は東京裁判の正当性を疑うこともなく、またアメリカ最高裁に再審の訴えを起こそうとするアメリカ中心主義を疑うこともなく、法廷もまたひとつの戦場であるという弁護人のプロフェッショナルな意識も理解することはなかった。

ワシントンの最高裁への再審請求と関わりなく、マッカーサーは総司令部外交局長のシーボルトに、「絞首刑の立会人として、対日理事会の代表の出席を求めたい」と語った。ソビエト・ロシア、中華民国、イギリス連邦の代表に出席してもらうよう了解をとるのはシーボルトの仕事である。

マッカーサーの指示は、ワシントンの最高裁が訴願の聴取に同意する前日、十二月六日だった。シーボルトは、マッカーサーが東京裁判のような国際裁判所の判決を再審する管轄権がアメリカの最高裁にはないことを確信している、と思っていた。マッカーサーは訴願の審議中は戦犯の処刑は行わないと公言した。

ワシントンの最高裁では公開の口頭弁論が十二月十六日に始まった。スミス弁護人は「東京裁判は立法府の承認を得ていない。マッカーサーの個人裁判所である」と述べ、論証も杜撰（ずさん）で「署名されていない口供書、宣誓されていない声明、新聞報道、二流、三流の伝聞証拠を採用した」と論述した。

その後、非公開の審議を経て、連邦最高裁には東京裁判の判決を取り消す権限はない、と人身保護の訴願は却下された。十二月二十日正午だった。日本時間で十二月二十一日午前一時、朝刊の締切ぎりぎりに間に合った。朝日新聞は十二月二十一日付の一面で「ロイター電」「UP電」を、一、二行ずつだが大きな文字で「本戦犯裁判に対し管轄権がないとの理由で同裁判の下した判決に介入することを拒否した」「六対一の表決結果により訴願却下を決定した」と載せた。

昭和二十三年十二月二十三日木曜日、どんよりと曇っている寒い日だった。

都心から西に三十キロほど離れると戦災の跡もなく突然、田舎になる。武蔵野には雑木林が多い。小さく区分けされた畠、竹藪の緑に赤い鳥居の神社、舗装されていない泥土の道。目白の学習院は空襲で一部が焼け落ちたので、中等科の生徒は昭和二十一年四月から小金井カントリー倶楽部の横にあった旧国民精神文化研究所及び国民錬成所の建物を教室とした。

東宮御所が空襲に遭い住むところが消えてしまった皇太子明仁は、もう二年九カ月も小金井で暮らした。葉山の御用邸にあった職員の宿舎をこの小金井に移転改築して仮御殿とした。東宮職員が五十名もいるので、時代遅れの文部省の寄宿舎付きの修養施設も当面の役に立ったのである。昭和十五年、皇紀二千六百年の奉祝式典の際に皇居前広場につくられた茅葺きの光華殿も移築されていた。グラウンドを含めると十万平方メートル(三万坪)の敷地ではあったが、冬はケヤキの葉も落ちて砂埃が舞い、色彩の乏しさも手伝ってみすぼらしい印象しか与えない。

その小金井から、早朝、皇太子明仁は自動車で三十キロ先の皇居へ向かった。例年なら天皇陛下と皇后陛下、皇族、旧皇族が一堂に会して、皇太子の誕生日を祝うことになっている。だがこの日、濠に囲まれた皇居は静まり返り、昭和天皇は終日、引きこもって過ごした。

皇太子明仁は十五歳の誕生日の報告を終えると、すぐに小金井の仮御所に戻る予定だった。仮御所では職員がモーニングや羽織袴姿で光華殿に集まっていた。祝宴のため大量の赤飯や煮染めを一度につくったので煙突が過熱して、賄い所から突然、出火して火の粉が茅葺きの光華殿にも降り注ぎ、モーニングも羽織袴も入り乱れおおわらわ、衣服で叩いたり、近所の農夫もかけつけてバケツリレーをしたり、どうにか延焼は食い止めた。

小金井の皇太子誕生日の内輪での祝宴は、ちょっとしたハプニングで中止となったわけだが、皇居での皇太子誕生日における昭和天皇の不機嫌は未明の出来事に起因している。

十二月二十三日午前零時一分三十秒、東條英機らの絞首刑が行われた。皇太子明仁の誕生日に執行されたことに衝撃を受けた。

終　章　十二月二十三日の十字架

日没から時間が過ぎて気温が下がりはじめた。五十一階から見ると下界のイルミネーションは白い霧のなかに模糊として溶けはじめた。

相談ごとは「ジミーの誕生日の件、心配です」と書かれたまま昭和二十三年十二月七日で途切れた日記、どういう意味か、だった。

「ジミーの誕生日は、皇太子明仁の誕生日、つまりいまの天皇誕生日です。十二月七日はお祖母さまが恋人と別れた日なのです」

「どうして別れたのですか」

「ケーディスの帰国の意志は固かったようです」

「いっしょに海を渡るという選択肢は？」

「彼は既婚者でした」

「それを乗り越えて……」

「定かではありません。ただケーディスは、僕は自分が信じる仕事を成し遂げた。あなたと過ごした軽井沢以外に、もうこの地に未練もない。つぎの仕事が待っている、お互いに新しい人生を生きていこう、とお祖母さまに言っています」

「頭を切り替えるのが早い人なのね、ケーディスという人は」

軽いため息まじりに言った。

「情熱的なお祖母さまは、最後の想い出のため暖かいリゾート地の別荘を借り、誰にも煩わされずに三日三晩過ごしたそうです。僕はね、お祖母さまはD・H・ロレンスの『チャタレイ夫人の恋人』のヒロイン、コニーに似ているとずっと思っていました」

「『チャタレイ夫人の恋人』はたしか……」

「貴族の夫人が、年寄りじみて欺瞞的な夫との暮らしで鬱屈した気分でいるとき、森番の男に惹きつけられる。紳士的な態度で、悟りが早く、淋しげな、それでいて自信ありげな男に」

「森番が、ケーディスさんで……」

「お祖母さまはどんなことをしてもひとりで生きていける。芯にそういう焔のかたまりがあって尽きることなく燃えている。ケーディスには、それがわかる。だから互いに新しいます」

人生を、と言ったのではないかなあ」

「でもなぜ祖母は、ジミーの誕生日が心配、と書いたのでしょうか」

「別れ際に、東條英機の処刑が十二月二十三日に行われるはずだ、とも告げていると思います」

昭和二十三年十一月十二日に東京裁判の判決が出て一段落となったが、東條英機が、キーナン検事の尋問に対して開戦の責任は昭和天皇ではなく自分にある、と陳述した昭和二十三年一月六日の時点で、ヤマ場は越えていた。三月に国務省政策企画本部長のジョージ・ケナンがワシントンから到着した。マッカーサーは、ワシントンからの賓客にはつねに警戒心を解かず、不機嫌に対応した。

マッカーサーは夫人とともに、ケナンを昼食の席にていねいに迎えたが、一本の指を立ててテーブルをときどき叩いて注意を促しながら、独り舞台でえんえんとしゃべりはじめた。長広舌はじつに二時間もつづいた。ケナンはあとでわかったが、ワシントンからの賓客はいつも、だいたいこんな調子で遇されるのだ。

ケナンはマッカーサーの警戒感を解く努力をしながら、ようやく冷静に話のできる機会をつかんだ。マッカーサーが喜ぶに違いない、ワシントンの考えを説明した。

「十一カ国による極東委員会は、ポツダム宣言にもとづいて規定されていた日本の非軍事化と一部領土の行政権放棄についてマッカーサー司令官に助言する諮問機関だが、もうそれは遂行されてしまった」

マッカーサーのこれからの占領政策は、煩わしい十一カ国にもう干渉されなくてもよいのだ。マッカーサーは膝を打ってうなずいた。

ポツダム宣言にもとづく日本の非軍事化は達成された。それがワシントンの認識だった。ケーディスは、ワシントンの動きにも敏感だったので、自分の役割が終えていることに気づいていた。上司のホイットニー民政局長の部屋に行き、「そろそろ辞めさせてください」と言った。占領軍は必要経費として日本の国家予算のおよそ三分の一を消費していた。引くべきところは引き、日本の復興と自立のために政策を転換しなければいけない。

ホイットニー民政局長は、「まだ残って手伝ってくれ」と慰留した。ケーディスが、「残る意味がないと思います」と答えると、ホイットニーは「では、ワシントンに出張してマッカーサー最高司令官の代理として陸軍省の会議に出席したり、国務省と調整することがあれば調整したり、四、五カ月はそんな具合でやって、戻ってきてくれ」と一時帰国という認識だった。

だがケーディスは、日本に戻るつもりはなかった。アメリカへ発ったのは十二月七日である。

ワシントンへ着いて四、五カ月経つと、ホイットニー民政局長から、そろそろ総司令部に帰ってきなさい、と手紙がきた。「やはり、辞めさせていただきます」とケーディスは電話をかけた。ワシントンから総司令部への指令を見たが、自分の果たすべき役割は見当たらない、と思ったからである。ホイットニーはあきらめたようだ。

「わかった。では手紙を出す。それを読んでくれたまえ」

手紙には辞任の日付については、ケーディスの自由にまかせる、とあった。そこでケーディスは、新憲法が施行された二周年記念日にあたる一九四九年（昭和二十四年）五月三日を選んだ。

憲法施行を昭和二十二年五月三日にしたのは、東京裁判の開廷が昭和二十一年五月三日だったからだ。二十八人を起訴したのは四月二十九日の昭和天皇誕生日。憲法草案を急いでつくれ、締切は二月十二日のリンカーン誕生日だ、と部下たちに命じた。マッカーサーの分身のホイットニー民政局長、現場を切り盛りしたケーディスは目標と日時を明確に定めながら仕事をしてきた。

「なぜ、ケーディスは祖母に十二月二十三日にA級戦犯が処刑されることを伝えようとしたのですか」

「新憲法はマッカーサーの作品です。その作品づくりの中心になったのは、マッカーサーの分身で上司のホイットニー、つくったのはケーディスです。ケーディスはその作品を最終的に完成させるための仕掛けを、置いていきたかった」

「仕掛け、ですか」

「昭和天皇には戦争責任があると思われたけれど、退位させると東京裁判で起訴されるかもしれなかったし、証人として出廷させられる可能性があった。なにしろヒトラーとヒロヒトの区別がつかない戦勝国の世論もあったぐらいですからね。マッカーサーの使命は、占領期の日本軍の武装解除でした」

「武装解除のために新憲法に戦争放棄の条項を入れたということ？」

「とにかく日本軍の解体は至上命題でした。これまでにしばしば登場した有末中将ですが、総司令部参謀二部のチャールズ・ウィロビー少将と親しくなったので、天皇を護る近衛師団ぐらいは残してください、と冗談半分に言ったら、とたんに険しい顔をして絶対にダメだ、占領政策の基本に反するとニべもなかった。ウィロビー少将が右派で民政局のケーディス大佐が左派で対立していたというのは日本人の陥りやすい思考で、それほど差があったわけではありません。敵国の占領は、たとえ降伏していようと一部に武装して抵抗する勢力が存在してはなりません。戦争状態が完全に終了するまでは占領はつづきます。マッカーサーにとっては、昭和天皇を権力をもたない象徴として温存しておくことで日本軍による武装蜂起の根を絶やすことができただけでなく、秩序を維持しやすいので占領コストを大幅に下げることができた」

「象徴天皇にすることによって、昭和天皇には何かメリットがあったのかしら」

「それ、急所をついたすごく賢い質問だよ。象徴天皇で軍隊を持たないということ。昭和天皇は日本軍に自分を護ってほしくない。二・二六事件や八月十五日未明のクーデター、皇太子拉致未遂など、幾度も日本軍によって危険にさらされてきた。だから、アメリカ軍に護ってもらうことで万世一系を保持できると期待したのではないかと思います。アメリカ軍が天皇を護る、というのはまことに皮肉なことです」

「ローマが滅びたのは、ローマの護りを傭兵まかせにしたからだって、世界史で習いましたけど」

「いずれにしろマッカーサーは天皇を象徴にし、日本の非軍事化に成功した。皇室典範に退位の規定を書き込まなければ、天皇は一度即位したら死ぬまでやるしかない」

「定年がないって、たいへんじゃない。世襲ですものね」

「僕は天皇誕生日は四月二十九日だと信じて疑いませんでした。だって五月のゴールデンウィークの柱のひとつですからね。でもある日、突然、年号が平成になると、十二月二十三日が天皇誕生日で祝日になり戸惑いましたよ」

「わたしも高校生ぐらいまではそう思っていて、あら、突然、十二月に休みがふえたのねと違和感がありました」

「その違和感は一瞬で、みな忘れてしまったのです」

「なぜ、十二月二十三日の皇太子誕生日がケーディスの作品の完成なのですか。祖母がジミーの誕生日が心配、と書いたのはどうしてですか」

突然、ゴムまりがはねるような柔らかい炸裂音が響き、会話が中断された。首を傾けると二、三席向こうにシャンパングラスをかかげたグループがいる。コツコツと硬い靴の音、カシャカシャと皿やグラスのぶつかる音、けたたましい笑い声もまじって、ダイニング＆バーがもっとも賑わう時刻になっていた。

ちょっとお手洗い、と席を立ったところで、ソムリエを呼んだ。

「ワインを一本、お願いしたのです。外には霧がかかっているので……。そう言ったらね、いいものがありますってね」

白ワインが大きめのグラスにするりと注がれた。

「草の匂いがするわ」

「クラウディ・ベイ（曇天の港）というワイナリーでつくられたニュージーランドのワイ

ンです。ようやく長い航海から霧深いなかを港に辿り着いたような気がします。なぜ十二月二十三日の皇太子誕生日がケーディスの作品の完成なのか、というご質問にいまは答えられます。いずれ昭和天皇は亡くなれば皇太子明仁が天皇として即位する。十二月二十三日は祝日になる。その日に東條が絞首刑になった日だということを日本人が憶い出すはずだった。新しい天皇にも戦争責任が刻印され、引き継がれる。お祖母さまが心配していたのは息子と同い歳の少年には重すぎる負担ではないか、ということでしょう」

「でも東條が処刑された日など、いま誰も知りませんよね」

「ただひとりを除いてね」


昭和六十四年（一九八九年）一月七日、昭和天皇は八十七歳で崩御した。皇太子明仁は、五十五歳だった。天皇として即位して二年後、タイ、マレーシア、インドネシアを訪問した。翌年には中国を訪問して「わが国が中国国民に対し、多大な苦痛を与えた不幸な一時期がありました。これはわたしの深く悲しみとするところであります」と発言した。平成十二年（二〇〇〇年）にオランダを訪問した。日本軍はオランダ領インドネシアに侵攻している。女王主催の晩餐会では、「戦争によって、さまざまな形で多くの犠牲者が生じ、いまなお戦争の傷を負いつづけている人びとのあることに、深い心の痛みを覚えます」とスピーチしている。激戦地への慰霊が多い。皇太子明仁・美智子妃夫妻は、昭和五十年に沖縄のひめゆりの塔の前で火炎瓶を投げつけられているが、訪問を中止せず翌日にはハンセン病の療養施設を見舞った。

最近では、平成十七年（二〇〇五年）六月二十七日、軍民あわせて六万人が戦没したサイパンを訪れている。日本人、現地人、アメリカ人とそれぞれの戦没慰霊碑を回ったが、予定にない韓国・朝鮮人戦没者の慰霊碑にも立ち寄っている。

ふりかえってみれば十九歳のときから行脚がはじまったのである。昭和二十八年にエリザベス女王の戴冠式出席のためにイギリスへ、美智子妃とのご成婚の翌昭和三十五年にはアメリカへ、とかつての敵国を訪問した。以後、おもに天皇の名代として一、二年おきに海外へ出た。三十八カ国も回った。

だが皇太子ではあくまでも天皇の名代にすぎない。天皇に即位したあとで「天皇の名代は、相手国にそれに準ずる接遇を求めることになり、礼を欠くように思われ、心の重いことでした」と振り返っている。

十五歳の皇太子明仁は十二月二十三日の誕生日になにが起きていたか、あとで知ったはずである。自分が果たさなければいけない役割をずっと演じてきた。

「わたしは知りませんでした。そもそも東條さんが処刑された日が、皇太子さまの誕生日と同じ日だってこと。死刑は一度だけれど誕生日は毎年めぐってくるんですね。そういうふうになにかを背負っている人生があるのですね」

「でも今度のことでわかったのではありませんか、あなたも、お祖母さまの生きた時代を、お祖母さまの物語を背負っていることが」

「そうでしょうか」

「以前にお祖母さまの写真を見せてもらいましたが、面立ちが似ています。眼とか額とか」

「そうかもしれない」

「あなたは僕に手紙を寄越した時点で、自分が背負っているものを探し出そうとしていた。情熱はもともとあなたの意識していない記憶の底に沈んでいたのです」

夜も更けた。僕は言った。

「もう帰りなさい。あなたは、お祖母さまのように力強く生きていける」

〔了〕

本文中の登場人物の肩書きは単行本刊行当時（二〇〇九年十一月）のままである

文春文庫版のためのあとがき

本書は二〇〇九年（平成二十一年）十一月、文藝春秋から刊行された単行本『ジミーの誕生日』を、文庫化にあたり『東條英機 処刑の日』と改題したものである。

敗戦後、皇太子明仁が学習院の英語教育を受ける際、アメリカ婦人のエリザベス・バイニング夫人は同級生全員にニックネームをつけ、「このクラスではあなたの名前はジミーです」と言い切った。『ジミーの誕生日』はその事実に由来するが、今日の読者は天皇誕生日と東條英機処刑の日がなかなか結びつかないようだ。それ自体が本書の重要な核心だが、あえて改題することで執筆の意図を明確にした。

なお本書は三十年近く前の処女作『天皇の影法師』以来の書き下ろし作品となる。東京都副知事の仕事をつづけるうち、いま書き残さなければいけないと強く感じて休日返上で一気呵成に記した。『昭和16年夏の敗戦』（中公文庫所収）を前篇とすれば『東條英機 処刑の日』はその完結篇にあたる。

書き下ろしでは出版局の下山進氏、西本幸恒氏に励まされ、文庫化は今泉博史氏にお世話になった。ありがとう。

二〇一一年（平成二十三年）十二月、日米開戦七〇周年を迎える歳暮に。

西麻布の寓居にて

著　者　識

参考文献

○昭和天皇

木下道雄『側近日誌』文藝春秋　1990

入江為年監修、朝日新聞社編『入江相政日記』全6巻　朝日新聞社　1990〜1991

寺崎英成／マリコ・テラサキ・ミラー編著『昭和天皇独白録　寺崎英成・御用掛日記』文藝春秋　1991

藤田尚徳『侍従長の回想』中公文庫　1987

筧素彦『今上陛下と母宮貞明皇后』日本教文社　1987

筧素彦「公平、無私のお心に、たびたび感動」『週刊読売』1989年1月25日号

筧素彦『反省随想』報公会（非売品）　1990

岡部長章『ある侍従の回想記――激動時代の昭和天皇』朝日ソノラマ　1990

黒田勝弘／畑好秀編『天皇語録』講談社文庫　1986

ポール・マニング（青木洋一訳／近現代史研究会監訳）『米従軍記者の見た昭和天皇』マルジュ社　2005

ハーバード・ビックス（吉田裕監修、岡部牧夫／川島高峰／永井均訳）『昭和天皇』上下　講談社　2002

猪瀬直樹監修『目撃者が語る昭和史第1巻　昭和天皇』新人物往来社　1989
高橋紘／鈴木邦彦『天皇家の密使たち――占領と皇室』文春文庫　1989
高橋紘『昭和天皇　一九四五－一九四八』岩波現代文庫　2008
吉田裕『昭和天皇の終戦史』岩波新書　1992
河原敏明『天皇裕仁の昭和史』文春文庫　1986
藤原彰／粟屋憲太郎／吉田裕／山田朗『徹底検証・昭和天皇「独白録」』大月書店　1991
東野真『NHKスペシャルセレクション　昭和天皇二つの「独白録」』日本放送出版協会　1998

○昭和天皇・マッカーサー会見

豊下楢彦『昭和天皇・マッカーサー会見』岩波現代文庫　2008
榊原夏『マッカーサー元帥と昭和天皇』集英社新書　2000
猪瀬直樹「目撃者R・エグバーグ氏を直撃『昭和天皇・マッカーサー会見』を検証する」『別冊週刊ポスト』1989年2月5日号
加藤進談話（速記テープ）
個人蔵「筧素彦日記（昭和20～21年）」未刊

○マッカーサー

増田弘『マッカーサー――フィリピン統治から日本占領へ』中公新書　2009
袖井林二郎『マッカーサーの二千日』中央公論社　1974
袖井林二郎／福島鑄郎、太平洋戦争研究会編『図説マッカーサー』河出書房新社　2003
ダグラス・マッカーサー（津島一夫訳）『マッカーサー回想記』朝日新聞社　1964
コートニー・ホイットニー（毎日新聞外信部訳）『日本におけるマッカーサー』毎日新聞社　1957
ジョン・ガンサー（木下秀夫／安保長春訳）『マッカーサーの謎』時事通信社　1951

クレイ・ブレアJr.（大前正臣訳）『マッカーサー』パシフィカ　1978
ウィリアム・マンチェスター（鈴木主税／高山圭訳）『ダグラス・マッカーサー』上下　河出書房新社　1985

○皇太子明仁

エリザベス・グレイ・ヴァイニング（小泉一郎訳）『皇太子の窓』文藝春秋　1989
高杉善治『天皇明仁の昭和史』ワック　2006
上前淳一郎「終戦秘録『皇太子を奪取せよ』」『文藝春秋』1976年8月号
個人蔵「真田尚裕日光疎開食事日記」未刊
保阪正康『明仁天皇と裕仁天皇』講談社　2009
橋本明『平成の天皇』文藝春秋　1989
橋本明『昭和抱擁——天皇あっての平安』日本教育新聞社　1998
橋本明「知られざる皇太子（全48回）」『ざっくばらん』1977年1月1日号〜1980年12月1日号
牛島秀彦『ノンフィクション皇太子明仁』朝日新聞社　1987
千田夏光『新天皇の足音』汐文社　1989
鳥尾敬孝『明仁陛下の青春と共に——皇太子に対するメッセージ』泰流社　1989
学習院百年史編纂委員会編『学習院百年史・第二編』学習院　1980
サイモン・グロブスター（宮原耕三訳）「42歳の皇太子アキヒト（全3回）」『週刊文春』1975年3月5日号〜3月19日号

○東條英機

ロバート・ビュートー（木下秀夫訳）『東條英機』上下　時事通信社　1961
保阪正康『東條英機と天皇の時代』上下　伝統と現代社　1979〜1980
東條英機刊行会／上法快男編『東條英機』芙蓉書房　1974

○時代史全般

木戸幸一『木戸幸一日記』上下　東京大学出版会　1966

進藤榮一／下河辺元春編『芦田均日記』全7巻　岩波書店　1986

幣原喜重郎『外交五十年』中公文庫　1987

幣原平和財団編『幣原喜重郎』幣原平和財団　1955

有末精三『終戦秘史　有末機関長の手記』芙蓉書房出版　1987

斎藤昇『随想十年』内政図書出版　1956

五百旗頭真『日本の近代6　戦争・占領・講和　1941〜1955』中央公論新社　2001

児島襄『日本占領』1〜3　文藝春秋　1978

住本利男編『占領秘録』上下　毎日新聞社　1952

半藤一利／竹内修司／保阪正康／松本健一『占領下日本』筑摩書房　2009

加藤陽子『それでも、日本人は「戦争」を選んだ』朝日出版社　2009

塩田潮『最後の御奉公――宰相　幣原喜重郎』文藝春秋　1992

細川隆元『昭和人物史――政治と人脈』文藝春秋新社　1956

日本放送協会編『再現ドキュメント　日本の戦後』上下　日本放送出版協会　1977〜1978

袖井林二郎編訳『吉田茂＝マッカーサー往復書簡集――1945-1951』法政大学出版局　2000

ジェターノ・フェーレイス『マッカーサーの見た焼跡』文藝春秋　1983

ジョン・ダワー（三浦陽一／高杉忠明／田代泰子訳）『敗北を抱きしめて』上下　岩波書店　2001

藤原彰／粟屋憲太郎／吉田裕編『最新資料をもとに徹底検証する　昭和20年／1945年』小学館　1995

奥住喜重／早乙女勝元『新版・東京を爆撃せよ——米軍作戦任務報告書は語る』三省堂　2007

『東京大空襲・戦災誌』編集委員会編『東京大空襲・戦災誌』全5巻　財団法人・東京空襲を記録する会　1973〜1974

戸川猪佐武『小説吉田学校　第一部　保守本流』角川文庫　1980

渡辺武『占領下の日本財政覚え書』日本経済新聞社　1966

鳥尾多江『私の足音が聞える——マダム鳥尾の回想』文藝春秋　1985

木村勝美『子爵夫人鳥尾鶴代』立風書房　1992

岡本太郎『芸術と青春』光文社知恵の森文庫　2002

岡本太郎『リリカルな自画像』みすず書房　2001

猪瀬直樹『日本の近代　猪瀬直樹著作集8　日本人はなぜ戦争をしたか——昭和16年夏の敗戦』小学館　2002

猪瀬直樹『日本の近代　猪瀬直樹著作集12　黒船の世紀』小学館　2002

猪瀬直樹『ニューズの冒険』文藝春秋　1989

猪瀬直樹『瀕死のジャーナリズム』文藝春秋　1996

有末精三談話（速記テープ）

○御前会議・宮城事件

迫水久常『大日本帝国最後の四か月』オリエント書房　1973

半藤一利『日本のいちばん長い日——決定版』文春文庫　2006

半藤一利『聖断——天皇と鈴木貫太郎』文藝春秋　1985

林茂／安藤良雄／今井清一／大島太郎編『日本終戦史』上中下　読売新聞社　1962

猪瀬直樹「青年将校・終戦クーデター『日本のいちばん長い日』39年目の真相」『週刊ポスト』1984年8月24日号

○総司令部／占領政策

竹前栄治『GHQ』岩波新書　1983

竹前栄治『日本占領――GHQ高官の証言』中央公論社　1988

ウィリアム・J・シーボルト（野末賢三訳）『日本占領外交の回想』朝日新聞社　1966

ジャスティン・ウィリアムズ（市雄貴／星健一訳）『マッカーサーの政治改革』朝日新聞社　1989

ハリー・エマーソン・ワイルズ（井上勇訳）『東京旋風』時事通信社　1954

ジョージ・F・ケナン（清水俊雄／奥畑稔訳）『ジョージ・F・ケナン回顧録――対ソ外交に生きて』上下　読売新聞社　1973

"Summary of United States Initial Post-Defeat Policy Relating to Japan"（「初期対日方針」）国会図書館蔵

○憲法改正

高柳賢三／大友一郎／田中英夫編著『日本国憲法制定の過程Ⅰ　原文と翻訳』有斐閣　1972

高柳賢三／大友一郎／田中英夫編著『日本国憲法制定の過程Ⅱ　解説』有斐閣　1972

入江俊郎『憲法成立の経緯と憲法上の諸問題――入江俊郎論集』入江俊郎論集刊行会　1976

江藤淳責任編集『占領史録第3巻　憲法制定経過』講談社　1982

細川護貞『細川日記』中央公論社　1978

児島襄『史録日本国憲法』文藝春秋　1972

ベアテ・シロタ・ゴードン（平岡磨紀子構成・文）『1945年のクリスマス――日本国憲法に「男女平等」を書いた女性の自伝』柏書房　1995

○東京裁判

日暮吉延『東京裁判の国際関係――国際政治における権力と規範』木鐸社　2002

日暮吉延『東京裁判』講談社現代新書　2008
牛村圭・日暮吉延『東京裁判を正しく読む』文春新書　2008
半藤一利／保阪正康／井上亮『「東京裁判」を読む』日本経済新聞出版社　2009
竹内修司『創られた「東京裁判」』新潮選書　2009
アーノルド・C・ブラックマン（日暮吉延訳）『東京裁判――もう一つのニュルンベルク』時事通信社　1991
児島襄『東京裁判』上下　中公新書　1971
瀧川政次郎『新版・東京裁判をさばく』上下　創拓社　1978
菅原裕『東京裁判の正体』国書刊行会　2002
朝日新聞東京裁判記者団『東京裁判』上下　講談社　1983
講談社編『写真秘録　東京裁判』講談社　1983
吉村昭『プリズンの満月』新潮文庫　1998
猪瀬直樹／弘兼憲史『ラストニュース　2』小学館文庫　2001
三文字正平談話（速記テープ）

＊子爵夫人に関わる記述に一部フィクションを加えてありますが、この物語はすべて事実に基づいています。

解説

梯 久美子

猪瀬直樹氏のもとに、東京都内に住む女性から手紙が届くところから本書は始まる。子爵夫人であった祖母が残した戦中から戦後にかけての日記の中に、気になる記述があるという内容である。

「ジミーの誕生日の件、心配です」

謎めいたこの一文が書かれたのは、昭和二十三年十二月七日。この記述を最後に日記は途切れていた。

死者の言葉は、過去からの声である。声を聞いてしまった彼女は、どうしようもなくこの謎にとらえられてしまう。呪縛を解くには、その意味を知るしかない。

ここから、猪瀬氏の謎解きが始まる。

子爵夫人の息子、つまり手紙をくれた女性の父は、当時の皇太子と学習院初等科で同級生だった。ではジミーとは皇太子のことではないか。そう猪瀬氏は考えた。

連合軍による日本占領が始まってまもなく、学習院に赴任したアメリカ人の英語教師エリザベス・バイニング夫人。彼女は英語の授業を始めるにあたって、クラス全員をニックネームで呼ぶことにした。皇太子につけられたのは「ジミー」という名であった。皇太子の誕生日は十二月二十三日。子爵夫人は、この日のいったい何を心配していたのか……。

猪瀬氏は、子爵夫人の日記に残された謎を解き明かしながら、アメリカが日本に仕掛けた対日占領政策の大きな構図を浮かび上がらせていく。それによって、現代の日本と占領期の日本との間に漂う霧のような薄闇を払っていくのである。見えているようでいてこれまで私たちが見ていなかった、あの時代の輪郭が次第にあらわになっていく過程は、実にスリリングである。

聞こえてくる過去からの声は、もはや夫人のものにとどまらない。謎が次第に明らかになるにつれ、マッカーサーが、昭和天皇が、A級戦犯とされた七人が、それぞれ声をあげ、闇の向こうから立ち上がってくる。

まるでミステリー小説を読むような興奮を味わわせてくれるのが本書の醍醐味なので、あまり種明かしをするわけにはいかないが、これは書いてしまおう。本書で猪瀬氏が指摘している、占領期における不思議な日付の符合についてである。

極東国際軍事裁判（東京裁判）でA級戦犯二十八人が起訴されたのは、昭和二十一年四月二十九日。つまり昭和天皇の誕生日である。

裁判が開廷したのは五月三日。翌二十二年のこの日、新憲法が施行されている。

そして、東條英機らA級戦犯七人が処刑されたのは、昭和二十三年十二月二十三日。そう、当時の皇太子、のちの明仁天皇の誕生日である。

本書によって、この三つの日付の符合を知ったとき、私は思わず戦慄した。東京裁判についていて特にくわしいわけではないが、A級戦犯として絞首刑に処された七人のうち、東條英機と広田弘毅が残した遺書について、それぞれ短い文章を書いたことがあり、その際、ある程度の資料は読んでいた。しかし、偶然であるとはとても思えないこれらの日付の一致については気がつかなかった。

読者の多くもそうではないだろうか。近・現代史にくわしい人なら、あるいは「私は知っていた」という方もいるだろう。しかしそれは個別の日付を知っていたということで、三つの符合に気付き、さらにはそこに隠されたマッカーサーの、いやアメリカという国の意図に思いをいたした人は、まずいないはずだ。

私自身、十二月二十三日が天皇誕生日であることはもちろん知っていたし、A級戦犯の処刑の日付もわかっていた。自著の中でその日付を記したことさえある。しかし、それが同じ日であることを意識したことはなかった。偶然などではありえないことは、ほかの二つの日付の符合をみれば明らかだ。

占領期はやがて終わる。マッカーサーは、その後の日本、未来の日本に向けて、一本の矢を放った。日付という形で、それを歴史に刻印したのだ。

その意図するところは何だったのか。本書を読み終えた方は、すでにその答えを知っている。では、彼らが放った矢は、当時から見た未来を生きる私たちに届いたのだろうか。マッカーサーが仕掛けた時限爆弾は、はたして正しく爆発したのか。

それについては、読後、すべての読者がさまざまに思いをめぐらせ、それぞれの結論を出すことになるだろう。

歴史から切り離されたかのような「今」を生きる日本人に、猪瀬直樹という作家は、過去からの声を何とかして届かせようとする。知られざる事実を掘り起こし、巧みな構成と描写で、過去と現在が地続きであることを思い起こさせるのである。

マッカーサーが、次代の天皇の誕生日に刻印したものの意味を本書によって知ったとき、私の脳裏によみがえった一枚の写真がある。

断崖の突端に立ち、並んで頭を垂れる明仁天皇と皇后の後ろ姿。その向こうで陽光にきらめいているのは、かつておびただしい死体が浮いては沈み、米軍の船の進行を妨げた海である。

この写真が撮影されたのはサイパン島の北端・マッピ岬。バンザイクリフと呼ばれる崖である。昭和十九年六月に米軍が上陸し、日米の将兵だけでなく、ここで暮らしていた日本の民間人と島民が多数犠牲になった。

玉砕の島・サイパンを天皇と皇后が訪れたのは、平成十七年六月二十七・二十八日のことである。天皇が慰霊のためだけに外国を訪問するのは初めてのことだった。また、日本の統治下にあった戦前・戦中を含め、このときまでにこの島を皇族が訪れたことはない。

私は父親をサイパン戦で亡くした男性に取材をしたことがある。インタビューが終わって辞去しようとすると、その人は戸棚から大きな平たい箱を出してきた。中身は、大きく引き延ばされた例の両陛下の後ろ姿の写真だった。

その写真の隣に、出征前の父親の写真を並べて、彼は言った。両陛下のこの後姿を見て、それまでもやもやしていた遺族としての気持ちがようやく晴れました、と。

サイパン訪問を報道した新聞社の多くが、この写真を第一面に掲載したが、それはやはり「何か」が伝わってくる写真だったからだろう。

このように天皇を真後ろから写した写真が大きくとりあげられるのはめずらしい。私が知っている限りでは、昭和天皇が戦後の巡幸で昭和二十二年十二月七日に広島を訪れた際の写真くらいである。

その写真には、しつらえられた台の上に立って広島市民の歓迎に応える昭和天皇の後姿があり、遠くに原爆ドームが見えている。昭和天皇が、民衆をはさんで原爆ドームと対峙しているという象徴的な構図である。

サイパンでの明仁天皇の写真では、目の前に群衆はいない。ただ海があるだけである。しかしその海には、この島で命を落とした五万余の死者がいる。目に見えない無数の死者たちをはさんで、遠くアメリカと対峙している図ともいえる。

昭和二十二年の広島で撮られた写真では、昭和天皇は帽子を取って群衆に向かって振っていた。しかしサイパンの明仁天皇は頭を垂れてじっと瞑目している。目の前にいるのは生者ではなく死者だからだ。

死者と向き合う役割を課せられたのが、平成の皇室であることが、この写真には象徴的にあらわれている。本書をすでに読み終えた方ならわかると思うが、誰よりも重く、昭和という時代の負債を背負って生きているのが平成の天皇なのである。

明仁天皇は、皇后とともに、慰霊の旅を繰り返している。沖縄、広島、長崎、硫黄島、サイパン。本書にも出てくるが、サイパン訪問の際には、日本人、現地の島民、アメリカ人の慰霊碑を回り、さらに予定になかった韓国・朝鮮人の慰霊碑も訪れている。

私が先の戦争について調べるようになったのは、硫黄島戦に興味を持ったのがきっかけだったが、その取材をするうち、天皇と皇后が、硫黄島だけでなく、戦没者の慰霊にいかに熱心に取り組んでいるかを知った。

硫黄島とサイパンと沖縄では、天皇の慰霊のための行幸の道筋を実際にたどって取材をし、報道されていない事実がずいぶんあることを知った。たとえば沖縄では、有名なひめゆり学徒隊の陰に隠れ、ほとんど知る人のいない、ずゐせん学徒隊の生存者の声に応えて、小さなその慰霊碑を訪れている。皇室カメラマンとして長年慰霊の旅に同行し、皇太子時代の昭和五十年に沖縄のひめゆりの塔で火炎瓶を投げられたときも、皇后がバッシングのため声が出ない状態で硫黄島におもむいたときも現場にいた人は、慰霊に賭ける天皇の姿には、ある種の凄味があったと私に語った。

なぜそこまで死者と向き合うことを自分に課すのか。私はそれを、多くの非業の死者を生んだ昭和に生を受け、次代の天皇となった者としての務めを果そうとしているからだろうと考えてきたが、本書を読んで、それだけではないということを知った。私自身が取材を通して見聞きしてきた明仁天皇の姿にはじめて合点がいったのである。

猪瀬氏の代表作には、天皇をテーマにした『天皇の影法師』『ミカドの肖像』などの系列と、戦争を通して日本という国家を問う『黒船の世紀』や『昭和16年夏の敗戦』などの系列があるが、本書は後者の系列の作品群の完結篇として読むこともできる。

「日本の近代は、軍艦によって始まり、軍艦によって終わった」というアメリカの歴史家の言葉がある。この二つの軍艦とは、いうまでもなく黒船と戦艦ミズーリである。『黒船の世紀』で、まさにその黒船の来航による近代の始まりを活写した猪瀬氏は、本書でその終わりを描いてみせた。第三章で描写される、ミズーリの艦上での降伏文書の調印式のシーンは鮮烈である。

さらにいえば本書は、「天皇」と「戦争」というふたつの大きなテーマがクロスした作品でもある。『黒船の世紀』のプロローグで猪瀬氏は〈黒船のもたらした衝撃が旧体制を崩壊させ、日本は「ミカドの国」に生まれ変わろうとしていた〉と書いた。その、アメリカの外圧によって生まれた「ミカドの国」の行く末を、本書で示して見せたのである。

いや、本作で猪瀬氏が描いたのは、「近代の終わり」にとどまらない。ミズーリ艦上で終わったはずの近代が、現代をどのように浸食しているのかまでを描いているのだ。

本書の構成上の特徴は、過去と現代を行き来しながら謎が解かれていくことだ。手紙を送ってきた女性は、現代を生きる三十九歳。戦中から戦後をたくましく生きた祖母は、当時、三十代前半だった。時間をへだて、ほぼ同世代の二人を軸に据えることで、読者もまた過去と現在を往還することになる。

二つの時代をつなぐキーワードのひとつが「場所」である。猪瀬氏と女性が会い、過去の謎について推理するのは、南青山六丁目（かつての高樹町）の岡本太郎記念館や、六本木ヒルズといった場所だ。会うたびに猪瀬氏は女性に、いま自分たちがいる土地の来歴を語るが、実は読者に向かって語りかけているのである。

焼夷弾で焼かれた街が洒落たカフェや壮麗なビルに姿を変えても、土地は歴史を記憶している。私たちの足もとの土は、ふだんは沈黙しているが、いったん回路が開かれれば、それぞれが秘めてきた記憶を、雄弁に語り出す。猪瀬氏はあざやかな手つきで、その回路を開いてみせる。

本書はおそらく意識的に、過去とは切れた場所で生きていると思い込んでいる若い世代を想定して書かれている。ゆたかな物語性と、歴史的事実の叙述のわかりやすさは特筆すべきものである。

近代史にも戦争にも天皇にも興味のない人であっても、この本を読み終えたときにはきっと気づいているはずだ。私たちが暮らす土地には歴史が刻印されており、かつてそこで生きた人たちと私たちは、確かにつながっているのだということに。

（かけはし・くみこ　作家）

（文春文庫版より再録）

予測できない未来に対処するために　文庫再刊によせて

『昭和16年夏の敗戦』執筆中の一九八二年（昭和五十七年）、僕は東條英機首相の運転手だった柄沢好三郎氏に会った。僕より四十二歳、年長だった。飄々（ひょうひょう）とした語り口につい引き込まれた。日常的な、いっけん瑣末な話のほうが人間性が滲み出ていておもしろい。

「東條さんは、オープンカーが好きでしてねえ」

開戦すると日本軍の快進撃が始まった。一九三九年式のビュイックの屋根を切って、オープンカーに改造させた。

「ヒトラーがオープンカーで手を上げてパレードをしていたので、あれに憧れたんじゃないでしょうかね。すっかり気にいっちゃって、雨の日でも乗るんです」

視察の帰り、雨がポツポツ降ってきた。幌をかけましょうか、と伺うと、よろしい。そのうち土砂降りになった。このままでいい、と言った手前、滝壺のなかで歯を食いしばってじっとがまんしている。実直でぎこちないところがよく出ているエピソードである。

「陸軍にはめずらしく腰の低い人だった」というのが柄沢運転手の印象である。

東條夫人が、うちの東條は連隊長まで行けば最高だと思っていた、それが大将になり総理大臣になってしまい、びっくりしていると気さくに話したことも彼は憶えている。

開戦後、気にくわない者を戦地に送ったり、周囲の意見に耳を傾けなくなったり、独裁者的なふるまいが見られたのは、情況が自分のキャパシティを超えて進行するためパニックに陥ったからとも解釈できる。要するに器(うつわ)ではない人物が指導者に選ばれた悲劇である。東條にとっても悲劇だが、国民のほうはもっと悲劇であった。

ある日、所沢の陸軍飛行場へ向かった。官邸での事務が遅れ、行事に間に合わないかもしれず、「急げ」となった。「急げ、急げ」とせかすので時速百キロものスピードで突っ走った。ところが所沢の手前で車輪が外れコロコロと転がって、車がガツンと止まった。早く車輪を捜して取り付けないと、と柄沢運転手はあわてた。

車輪を抱え専用車に戻ってくると、首相がいない。秘書官が、呆然と突っ立っている。

「菜っ葉大根を満載したトラックが通りかかってね。総理は大根のうえに這い上がって行ってしまわれたよ」

所沢の飛行場へ食糧を届けるトラックだったのだ。大根の山に這いつくばったままの東條の姿に門衛は気づかなかった。律儀で時間を守ろうとするのはよいが、まあ、大物がやることではない。

これらのエピソードは余談で、僕が柄沢運転手に確かめたかったのは、日米開戦を決めた十二月一日の東條英機の様子である。『昭和16年夏の敗戦』にはこのくだりを書いた。

午後二時から御前会議が開かれることになっていた。東條が官邸を出たのはまだ午前十時を少し回ったところだった。几帳面な性格だから早めに出た。御前会議は天皇が臨席する国家の最高意思決定の場である。だが実際は、すでに決まっていることを承認する儀式、タテマエを執り行うセレモニーでしかない。

東條はその儀式の前に、十一月三十日の政府・大本営連絡会議の決定事項を直接、昭和天皇に奏上しなければならない。「日米開戦のやむなきにいたりました」と伝えに行くのだ。柄沢運転手は、バックミラーから東條の表情を垣間見た。東條は顔面蒼白だった。帰路は、すっかり柔和な顔になっていた。昭和天皇に日米開戦を伝えることがいかに緊張を要したか、よくわかる。だがこれでは忠臣であってもマキャベリストとはいえない。

狂信的な一部の軍人を除けば、アメリカと戦って勝てると確信を持つ者は上層部にも多くはなかった。それなのに誰もが責任を取ろうとせず、融通の利かない小心の東條に総理大臣というババを引かせ、天皇へ奏上させたのだ。なんだか滑稽で哀しく、そして腹立たしい話である。

こうして日本は日米戦争に敗北した。本書で戦艦ミズーリの甲板上での降伏文書調印式について触れているが、一九九一年(平成三年)十二月八日、僕は日米開戦五十周年式典の現場であるパールハーバー(真珠湾)でこの戦艦を目撃している。

ブッシュ大統領(第四十一代)は、周到な段取りで短い時間を分割し、つごう三回の演説をこなした。午前七時ちょうどに行われたパンチボール国立墓地での演説は、米国東部時間の正午に合わせたものだし、日本軍の第一波攻撃が空から急襲した七時五十五分には、一千人以上の兵士を呑み込み沈んだ戦艦アリゾナの上に建てられている記念館で黙禱そして演説という段取りであった。戦艦アリゾナの残骸は「汚名の日」(Day of Infamy)のシンボルとしてそのままの位置に残されているのだ。広島の原爆ドームと同じように。「アリゾナ」も「ヒロシマ」も多大な犠牲者を出した辛い思い出の場所として共通点を抱えているが、アメリカと日本はまったく異なる立場にあった。勝者と敗者の違いである。三回の演説を周到と表現したのは、勝者としての冷徹さと寛容さも含んでいる。九時十分にブッシュ大統領は三つ目の演説を、湾内に係留されている戦艦ミズーリの甲板で行った。一九四五年(昭和二十年)九月二日、東京湾における降伏文書の調印式が行われたのがこの甲板である。マッカーサー連合国軍最高司令官は「砲声はいまや鳴りやんだ。大いなる悲劇は終りを告げた。偉大なる勝利はかちとられた」と格調高く演説した。

五十年後のパールハーバーでのブッシュ大統領の演説には、日系人を強制収容したことへの謝罪、日系人部隊が勇敢にナチス・ドイツと戦ったことへの称賛などが織り込まれた。ところが日本側は当時の宮澤喜一首相が「重い責任」などとポツポツと述べるだけでクリアな言い方をしていない。独特な曖昧さに塗り固めてしまうのでわかりにくい。いまだになぜ日米開戦となったのか、日本人に共通認識がつくられていないことが表れている。

日米戦争を始めた側の日本人にその責任を忘れさせないための時限装置が、戦犯東條英機の処刑の日に込められたのではないか。それが本書のテーマである。もちろんその秘密は解き明かしたつもりである。

＊

太平洋戦争で日本軍の捕虜となった英国人J・エドワーズが、終戦から半世紀後に苛酷な体験を綴った本を出版した。タイトルは少し下品で挑発的な『くたばれ、ジャップ野郎』である。日本の軍人からどれだけ残虐な行為を受けたか、えんえんと記されている。たしかに日本軍はひどいことをしたが、その事実をこれでもかこれでもかと並べ立てる。迫力はあるが、うんざりもする。

捕虜収容所で、ある日、二名の脱走者が出た。同室の者たちは直立不動で六時間半も立たされた。眼を閉じても指一本動かしても、太い竹の棒で思い切り殴られる。やがて脱走者が捕まると、二人はロープと針金でぐるぐる巻きにされ、首に付けた紐で犬のように引き回され、銃殺された。

じっさい日本兵がやったことであり、告発している内容は伝聞ではなくすべて著者自身が体験したことだ。そこには真実のみが書かれている。日本人は原爆を落とされたからといって過剰な被害者意識を持つな、原爆はこうした残虐行為をストップするための正当な手段であった、わかったかという主張である。しかし、真実が書かれているのに、それ以上に響くものがないのはどうしてなのだろうか。そこには救いがまったく見出せないのである。

日本人の残虐行為が暗く陰険だから、救いがない。これはわかる。情けない話だ。しかし、恨み骨髄一本やりの著者の告発の姿勢にも救いがないのである。なぜ英国軍がシンガポールにいたか、なぜインドにいたか、なぜアジア人の上に君臨していたか、なぜ……、という自らへの問いがいっさいない。その疑いを持たない著者の姿勢には発展がない。

会田雄次著『アーロン収容所』は、立場が逆転して敗者となった日本兵が英国軍の捕虜収容所に入れられたときの体験を綴ったもので一九六二年（昭和三十七年）のベストセラーである。こちらもひどい体験が綴られている。

兵舎で雑巾がけをしているとき、額でタバコの火を消されたことがあった。ひざまずいて、足かけ台の代わりに足を乗せられ、一時間も辛抱させられたことがあった。

どちらの主張も捕虜になったことでひどい目にあった、人権を否定された、というものである。捕虜としての死者の数や収容期間の長さからいうと『くたばれ、ジャップ野郎』のほうが凄まじい。だが、それは程度の差にすぎない。なぜなら、会田雄次は収容所で心底こう思ったからである。

「イギリス人を全部この地上から消してしまったら、世界中がどんなにすっきりするだろう」

さらに「（いまでも）ふと収容所の事件を思い出すと、寝ていても思わず床の上に突っ立ってしまうほどの憎しみとも怨恨ともつかぬ衝撃に打たれる」のだ。

もちろん、J・エドワーズも敵に対し同じことを考え続け、こう書いた。

「この物語を世に出すのにどうして四十二年も待ったのかと問われる方もいるかもしれな

い。答えは簡単だ。あの経験による精神的後遺症がずっと尾を引き、机に向かって書こうとすると必ず言いようもない激しい感情が身を包み、筆を進めることなど到底出来なかったのだ」

しかし、『くたばれ、ジャップ野郎』はうんざりするのに『アーロン収容所』のほうには救いがある。それはなぜか。日本人だから贔屓(ひいき)したつもりはない。捕虜収容所で会田雄次が考え続けたことは、文化ギャップについてであった。

英国軍の収容所では、めった切りにして殺したり、昂奮して殴り続けたりはしない。捕虜いじめはきわめて冷静に、批判に対してはうまくいいぬけできるよう行われた。それに対し日本軍の非戦闘員や捕虜に対する扱いは、おうおうにして逆上から発していた。前線で自分たちより数の多い兵隊をつかまえると、どうしてよいかわからず茫然としてしまう。水の補給場所も考えないで大群を行進させ死人を多く出したり、列から離れた者をただ殺してしまったりするのは悪意の問題だけではないのだ。もし英国人のように羊や牛などたくさんの動物をわずかな人数で管理する習慣を持っていたら、こういう馬鹿げた失敗例は減っていただろう。

農耕民族と遊牧民族の差、ということだけではないのだ。ここが肝心だが、システムの差なのである。階級社会を維持している英国は、長い植民地支配で自分より下等だと位置づけた植民地人を冷静に支配する管理技術を磨いてきた。

「ある見方からすれば、かれらは、たしかに残虐ではない。しかし視点を変えれば、これこそ、人間が人間に対してなしうるもっとも残忍な行為ではなかろうか」

もちろんこうした理解に辿りついたところで日本人の捕虜虐待が免罪されるわけではない。しかし、同じことを繰り返さないために、そして、むしろ予測できない未来に対処するために、過去の体験からどんなことを発見し、学ぶことが可能か、それを冷静に見つめる強靭な精神のほうが大切だと思う。救いがある、とはそういうことではないのか。

被害者と加害者という図式は不毛な円環構造なのである。悲しい、苦しい、酷い、といくらお題目を並べても、そうでしたね、とうなずくしかないのだから。戦争体験の継承について、少なくとも戦争体験のない世代には感情的になるいわれはない。もっとも、何も知らない、では単なる阿呆だけれど。

冷徹であるか、感情的であるか。本書ではむしろ計算され尽くした彼らの戦略的な冷徹さについて描いた。

本書は『昭和16年夏の敗戦』の完結篇である。

＊

執筆したのは二〇〇九年（平成二十一年）初夏であった。僕は二〇〇七年から東京都副知事の職にあり、多忙をきわめたがため夜遅くの帰宅が通例となった。ついに原稿を書かずに二年が過ぎた。僕は明治の文豪・森鷗外が陸軍軍医としての勤務の傍ら執筆を続けたことを思い、その困難さと、先達の強い意志の力を身に沁みるほどに感じた。だがその後、勤務を続けながらも書きたいという欲求は抑えがたいものなのだと知るに至った。

原稿を書ける日は土日祝日しかなく、最も集中的に一心不乱で机に向かったのは五月の大型連休であった。その充実感は気分転換の小旅行などに比するものではなく、いまも忘れられない。あたりまえだが、一つのポジションだけに固執しないほうが精神衛生的によいに決まっているし、二つを並行して進めると緊張によりかえって思考が深まる。

僕が『昭和16年夏の敗戦』を書いたのは三十代であった。僕より四十歳ほど年長の、七十代後半になっていた総力戦研究所の研究生を訪ね歩いた。彼らは一九四一年夏には、そのときの僕と同じ三十代半ばであった。四十年の隔たりはあったが、同世代のように話し込んだ。日本がなぜアメリカと戦争をしたのか、それをどのように意思決定したのか。そこには「空気」を作る同調圧力があり、それが現代日本の組織においても同じ影を曳いていることがわかった。

本書『昭和23年冬の暗号』では、当時の僕、そして昭和十六年当時の研究生らと同じ三十代の読者を想定して執筆した。日本において戦争の記憶を呼び覚ましたいという意図があった。現代の日本人は歴史という軛（くびき）から遊離して漂っている。そのためにいっそう強い風（＝空気）になびきやすい、そこが危ないと感じたからである。

本書を執筆したころ、副知事の仕事だけでなく東京工業大学の特任教授として週に一度、リベラルアーツの講座を持っていた。

当時、ツイッターにこう打っている。

「東工大の特任教授だが、高校時代に日本史をとったもの手を挙げろ、と言ったら一割。中三までの日本史知識でトヨタなど有名メーカーに就職しても国際ビジネスはできない。明治維新や日露戦争、東京裁判開廷など五題、年表で答えるよう出題したら、全問正解はマレーシア人と日本人学生各一名、計二人だった」

戦後民主主義教育の失敗は、戦前を全否定したところにある。戦争はいけない、平和が正しい、それは間違いではないがそのまま過去を封印してしまえば一歩も先へ進めない。敗戦の八月十五日ばかりを強調して開戦の十二月八日を無視している、これこそが戦後を覆った「空気」である。

試しに二十代、三十代の日本人に、「大尉と大佐、中尉と少佐、どちらが位が上か」「軍曹とはなにか、士官とはなにか」訊ねてみるとよい。十人中九人までが正確に答えられない。無理もないところもあって、新聞記者も学校の先生も知識がないのである。知識を得る機会を与えられていない。なぜ現代史をきちんと教えないのかと思う。

日本では、原爆投下や空襲はあったものの、沖縄を除き国内での戦闘は行われていない。平和というお題目さえ唱えていれば正確な情報への関心は薄いのだろう。韓国や中国の歴史教育では、日本人は鬼畜のごとく描かれる。これもまた公平ではない。だが反論・反証もできない。なぜなら日本では事実にもとづく記述で歴史の意味を教えていないのだから。

東工大で教えるようになるずいぶん前のことだが、僕は二十五年前、たまたまマレーシアの歴史教育の英文教科書（初級教員免許試験の参考書）を入手した。日本のマレー半島占領について、興味深い記述が幾つもあった。まず英国の事情が挙げてある。

シンガポールの英国軍は、日本の奇襲を予想していなかった。日本とドイツは同盟国だから、日本はソ連を背後から攻撃するだろうと考えていた。予想に反して日ソ中立条約が結ばれた。プリンス・オブ・ウェールズとレパルスの二隻の戦艦がシンガポールに派遣されるが航空兵力はなく、最終的な安全保障は真珠湾にいるアメリカ海軍に依存するしかない。

日本軍は、まずアメリカ海軍を破壊するために真珠湾を攻撃し、同時にマレー半島に上陸する作戦をとった。また中国での作戦経験が豊富な辻政信(まさのぶ)大佐にジャングル戦を研究させていたこと、藤原岩市(いわいち)少佐がタイのバンコクでスパイ網を組織させていたことなどが説明されている。

マレーシアの教科書から少し離れ、この二人の人物について一言触れておく。辻政信は陸軍大学校卒のエリートで職歴は参謀本部が中心である。ノモンハン事件、ガナルカナル作戦の失敗など、参謀としての史家の評価はかなり手厳しい。終戦時に地下にもぐりタイ、ベトナム、中国を経て帰国。国内でも潜伏して戦犯を免れ、衆議院議員となった。のち参議院議員に転じたが、一九六一年（昭和三十六年）にラオスで消息を断ち、新聞に大きく報じられた。それでも生存説が絶えず、スパイ映画の主人公のごとき謎の多い人物である。

藤原岩市は辻より六歳下である。陸大卒で参謀本部謀略課に配され、彼も参謀畑が長い。

戦後、自衛隊で第一師団長（陸将）になっている。三島由紀夫の「楯の会」で諜報訓練を指導した山本舜勝一佐（のち陸将補）は、藤原の陸大の後輩である。文化人三島に接近するよう山本に指示を与えたのが藤原だった。

マレーシアの教科書の話に戻ろう。日本軍は英国軍の予想に反してシンガポールではなくタイ国側から攻め込んできた。タイ国が日本軍に抵抗しなかったのは、藤原機関の成果だった。不意をつかれたとはいえ英国連邦軍（インドやオーストラリアを含む）は八万五千、日本軍は三万だった。数では英国軍が勝っていた。さらに英国軍は日本軍に難点があったことに気づかずにいた。日本軍部の上層部は一枚岩ではなかった、としてこう記されている。

「日本軍は東南アジア侵略のために必ずしも適切な準備をしていなかった。山下奉文将軍は、マレー攻略中に、上官の寺内寿一南方軍総司令官の協力を得られず、兵士たちの補給は充分ではなかった。寺内は山下の成功を妬ましく思っており、首相の東條英機も同じだった。マレー攻略には日本の爆撃機が必要だったが、多くはインドネシア作戦に回された」

それでも日本軍が優勢となったのは、山下や辻や藤原が有能であったから、と教科書では解説している。ジャングルを自転車部隊で機敏に移動するなど、実用的な戦術を用いたことも評価されている。対して英国側は、現地の人間を信用せず、防衛要員として考えなかったと批判されている。西洋人は植民地人を見下げていた、ということだろう。

では日本の軍事政権がマレー半島でなにをしたか。日本軍は、現地、つまりマレーシアの独立を認めるつもりなど、まったくなかったと説明されている。その考えが変わりはじめたのは、ミッドウェー海戦で敗北してからだった。

日本軍の文化政策は、「天皇に対する忠誠」「厳しい訓練」「日本政府への絶対服従」「日本語を共通語とさせる」「いつでも日本に奉仕できる熱烈な精神」だった。さらに教育プログラムとして「農業及び工業技術の啓発」「経費節減」「厳しい訓練の実施」「健康増進」が採用された。郵便局、電気通信、農業などの職業訓練所もつくられた。「訓練所での教育は、マレー人たちをより忍耐強く鍛え、勤勉にした」のである。一九四三年（昭和十八年）末には、現地の人びとが議会に参加する機会が与えられた。ただし、議会は立法機関ではなく諮問機関にすぎない。

日本軍が自分たちの利益のためにもくろんだ諸施策は、結果的にマレーシアの独立を促した。

「軍事訓練は独立のための好戦的な若い世代を育てた」「政治的に目覚めさせた」「英国風行政機構を破壊した」「日本人はマレー人に行政のなかで積極的な役割を果たす機会を与

え、それがのちに役立った」などの理由が挙げられる。もちろん、「日本の占領による苦しみが、マレー人に決断力と自力更生の観念を抱かせた」との皮肉な言い方も含まれる。日本が戦争に負けたのち、再び英国の支配が訪れる。だが日本が「戦前の状態を急速に変えてしまったので、英国は植民地政策の見直しを迫られ、結果的に独立を早めることになった」のである。

以上に見られるように日本軍を批判しつつも、なんでもかんでも悪かった、と決めつけてはいない。マレーシアにとって、日本による占領は近代化の一過程なのである。英国の支配、日本の支配、いずれも彼らにとっては不条理に違いないけれど、なにをどう転機として活かしたか、冷静につかみとられている。過去にこだわりながらも未来志向である。東工大に留学していたマレーシアの学生は、こうした自国の歴史を世界史のなかでしっかりと把握しているから、明治維新も日露戦争も日本が裁かれた東京裁判が開廷された年度も刻み込まれていたのだ。単なる年表の暗記ではなく、歴史を文脈でとらえる思考力を身につけているのである。

本書で繰り返し描写したのは、眼前の風景の下には幾重にも過去の風景が地層のように堆積し、ところどころで露出している事実についてであった。

われわれは歴史を背負って生きている。そのことを認識して初めて、未来に目を向けることができるのである。

＊

そして二〇二〇年、コロナウイルス感染の流行によって再び日本的意思決定の欠陥が露わとなる事態が起きた。有事において「空気」に左右される特質が未だに続いている。

山本七平は『「空気」の研究』でつぎのように述べている。

「われわれはまず、何よりも先に、この『空気』なるものの正体を把握しておかないと、将来なにが起るやら、皆目見当がつかないことになる」

「空気」とは何か。先に述べた東工大の講義で、理系学生に理解しやすいよう定量的に示すために僕はアメリカの心理学者ソロモン・アッシュの実験（「意見と社会的圧力」一九五五年）を説明した。最後にこの実験を紹介しておこう。

一つのテーブルに六人から八人の男子学生が坐っている。被験者は最後か、最後から二番目の回答者になっているが残りはすべてサクラであることは知らされていない。

一枚のカードを見せる。一本の線分がある。二枚目のカードが見せられる。三本の線分

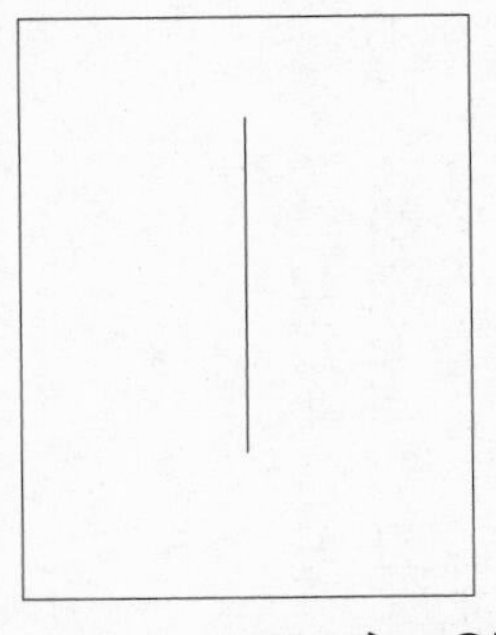
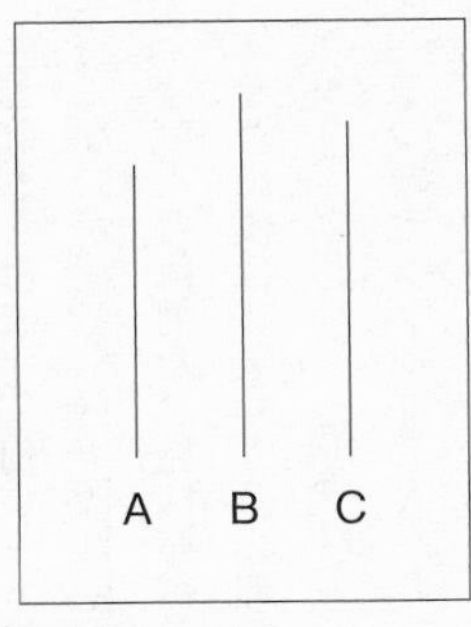

アッシュの実験用カード

があるが、そのうち一本だけが一枚目のカードと同じ長さで残りの二本は長さが異なる。

一番目のサクラが間違った答えを選ぶ。二番目、三番目もつぎつぎと同調する。そのうちに被験者の番になる。被験者は自分の選択が間違っているのではないかと不安になり、先行する回答者と同じ間違った答えを選んでしまう。

誤答率はじつに三分の一に達した。

同調行動がどんな場合に回避されるかも調べた。一つのテーブルに正しいことを言うサクラを一人だけ入れると誤答率は四分の一に下がったという結果もある。異なる意見が少しでも混じると同調圧力は確実に低下するのだ。

個人主義の強いアメリカ人でも「空気」に呑み込まれた。この実験を同質性の強い集団が多い日本人で試したら誤答率はとても三分の一どころでは済まないだろう。

日本の組織の問題点は、近年では新卒一括採用の慣行ではないかと思っている。年功序列とセットになったこの慣行は個性を鋳型に嵌め込み、忖度意識を発生させている。さらに日本では記者クラブに依存した大手メディアが、同調性を高める装置になっているところも危うい。

日本人のDNAとも見紛うこの独特の忖度し合う態度は江戸時代にゆっくりと熟成されたもののように思われるが、明治時代にヨーロッパの思想や制度を導入した「近代」という革命を経てもついに克服しきれなかった。

アッシュの実験に鑑みて述べれば、日本では進んでサクラになるよう暗黙のうちに求められる側面が装置としてはたらいている。それでもグループのなかで一人でなく二人、三人と進んで、少数意見を述べる勇気を発揮すれば、場の空気は変えられる、と実験結果は示しているのである。

日米開戦八十年となる今年、本書がこのたび中公文庫版として再刊される運びになったのは、書籍編集局文庫編集部の三浦由香子さんの提案による。『ジミーの誕生日』から『東條英機　処刑の日』へと改題してきたが、今回『昭和16年夏の敗戦』との関連を明確にするため、『昭和23年冬の暗号』というタイトルにあらためた。三浦さんには『昭和16年夏の敗戦 新版』に引き続きたいへんお世話になった。ありがとう。

二〇二一年初夏

西麻布の寓居にて　猪瀬直樹

単行本『ジミーの誕生日』二〇〇九年十一月　文藝春秋刊
文　庫『東条英機　処刑の日　アメリカが天皇明仁に刻んだ「死の暗号」』
二〇一一年十二月　文藝春秋刊

本書は文春文庫版『東条英機 処刑の日』を底本とし、巻末に「予測できない未来に対処するために 文庫再刊によせて」を増補、改題したものです。

昭和23年冬の暗号

2021年6月25日　初版発行
2021年7月10日　再版発行

著　者　猪瀬直樹

発行者　松田陽三

発行所　中央公論新社
〒100-8152　東京都千代田区大手町1-7-1
電話　販売 03-5299-1730　編集 03-5299-1890
URL http://www.chuko.co.jp/

DTP　嵐下英治
印　刷　大日本印刷
製　本　大日本印刷

Published by CHUOKORON-SHINSHA, INC.
Printed in Japan　ISBN978-4-12-207074-5 C1121

中公文庫既刊より

各書目の下段の数字はＩＳＢＮコードです。978－4－12が省略してあります。

い-108-6
昭和16年夏の敗戦 新版
猪瀬直樹

日米開戦前、総力戦研究所の精鋭たちが出した結論は「日本必敗」。それでも開戦に至った過程を描き、日本的組織の構造的欠陥を衝く。〈巻末対談〉石破 茂

206892-6

い-108-4
天皇の影法師
猪瀬直樹

天皇崩御そして代替わり。その時何が起こるのか。天皇という日本独自のシステムを〈元号〉を突破口に徹底取材。著者の処女作、待望の復刊。〈解説〉網野善彦

205631-2

と-18-1
失敗の本質 日本軍の組織論的研究
戸部良一／寺本義也／鎌田伸一／杉之尾孝生／村井友秀／野中郁次郎

大東亜戦争での諸作戦の失敗を、組織としての日本軍の失敗ととらえ直し、これを現代の組織一般にとっての教訓とした戦史の初めての社会科学的分析。

201833-4

き-46-1
組織の不条理 日本軍の失敗に学ぶ
菊澤研宗

個人は優秀なのに、組織としてはなぜ不条理な事をやってしまうのか？ 日本軍の戦略を新たな経済学理論で分析、現代日本にも見られる病理を追究する。

206391-4

な-68-1
新編 現代と戦略
永井陽之助

戦後日本の経済重視・軽武装路線を「吉田ドクトリン」と定義づけた国家戦略論の名著。岡崎久彦との対論を併録。文藝春秋読者賞受賞。〈解説〉中本義彦

206337-2

な-68-2
歴史と戦略
永井陽之助

クラウゼヴィッツを中心にした戦略論入門に始まり、愚行の葬列である戦史に「失敗の教訓」を探る。『現代と戦略』第二部にインタビューを加えた再編集版。

206338-9

い-13-5
生きている兵隊（伏字復元版）
石川達三

戦時の兵士のすがたと心理を生々しく描き、そのリアリティ故に伏字とされ発表された、戦争文学の傑作。伏字部分に傍線をつけた、完全復刻版。

203457-0

い-61-2
最終戦争論
石原莞爾
戦争術発達の極点に絶対平和が到来する。戦史研究と日蓮信仰を背景にした石原莞爾の特異な予見は、日本を満州事変へと駆り立てた。〈解説〉松本健一
203898-1

い-61-3
戦争史大観
石原莞爾
使命感過多なナショナリストの魂と冷徹なリアリストの眼をもつ石原莞爾。真骨頂を示す軍事学論・戦争史観・思索史的自叙伝を収録。〈解説〉佐高　信
204013-7

い-65-2
軍国日本の興亡　日清戦争から日中戦争へ
猪木正道
日清・日露戦争に勝利した日本は軍国主義化し、国際的に孤立した。軍部の独走を許し国家の自爆に至った経緯を詳説する。著者の回想「軍国日本に生きる」を併録。
207013-4

い-130-1
幽囚回顧録
今村　均
部下と命運を共にしたいと南方の刑務所に戻った「聖将」が、理不尽な裁判に抵抗しながら、太平洋戦争を顧みる。巻末に伊藤正徳によるエッセイを収録。
206690-8

い-131-1
真珠湾までの経緯　海軍軍務局大佐が語る開戦の真相
石川信吾
太平洋戦争へのシナリオを描いたとされる海軍軍人が語る日米開戦秘話。日独伊三国同盟を支持し対米強硬を貫いた背景を検証。初文庫化。〈解説〉戸高一成
206795-0

う-9-7
東京焼盡（しょうじん）
内田百閒
空襲に明け暮れる太平洋戦争末期の日々を、文学の目と現実の目をないまぜつつ綴る日録。詩精神あふれる稀有の東京空襲体験記。
204340-4

お-2-13
レイテ戦記（一）
大岡昇平
太平洋戦争の天王山・レイテ島での死闘を再現した戦記文学の金字塔。巻末に講演「『レイテ戦記』の意図」を付す。毎日芸術賞受賞。〈解説〉大江健三郎
206576-5

お-2-14
レイテ戦記（二）
大岡昇平
リモン峠で戦った第一師団の歩兵は、日本の歴史自身と戦っていたのである――インタビュー「『レイテ戦記』を語る」を収録。〈解説〉加賀乙彦
206580-2

各書目の下段の数字はISBNコードです。978 − 4 − 12が省略してあります。

お-2-15
レイテ戦記（三）
大岡昇平
マッカーサー大将がレイテ戦終結を宣言後も、徹底抗戦を続ける日本軍。大西巨人との対談「戦争・文学・人間」を巻末に新収録。〈解説〉菅野昭正
206595-6

お-2-16
レイテ戦記（四）
大岡昇平
太平洋戦争最悪の戦場を鎮魂の祈りを込め描く著者渾身の巨篇。巻末に「連載後記」、エッセイ「『レイテ戦記』を直す」を新たに付す。〈解説〉加藤陽子
206610-6

お-2-11
ミンドロ島ふたたび
大岡昇平
自らの生と死との彷徨の跡。亡き戦友への追慕と鎮魂の情をこめて、詩情ゆたかに戦場の島を描く。『俘虜記』の舞台、ミンドロ、レイテへの旅。〈解説〉湯川豊
206272-6

き-13-2
秘録 東京裁判
清瀬一郎
弁護団の中心人物であった著者が、文明の名のもとに行われた戦争裁判の実態を活写する迫真のドキュメント。ポツダム宣言と玉音放送の全文を収録。
204062-5

さ-4-2
回顧七十年
斎藤隆夫
陸軍を中心とする革新派が台頭する昭和十年代、「粛軍演説」「等で「現状維持」を訴え、除名されても信念を曲げなかった議会政治家の自伝。〈解説〉伊藤隆
206013-5

し-45-1
外交回想録
重光葵
駐ソ・駐英大使等として第二次大戦への日本参戦を阻止するべく心血を注ぐが果たせず。日米開戦直前まで約三十年の貴重な日本外交の記録。〈解説〉筒井清忠
205515-5

し-45-2
昭和の動乱（上）
重光葵
重光葵元外相が巣鴨獄中で書いた、貴重な昭和の外交記録である。上巻は満州事変から宇垣内閣が流産するまでの経緯を世界的視野に立って描く。
203918-6

し-45-3
昭和の動乱（下）
重光葵
重光葵元外相は巣鴨に於いて新たに取材をし、この記録を書いた。下巻は終戦工作からポツダム宣言受諾、降伏文書調印に至るまでを描く。〈解説〉牛村圭
203919-3

た-7-2
敗戦日記 高見 順
〝最後の文士〟として昭和という時代を見つめ続けた著者の戦時中の記録。日記文学の最高峰であり昭和史の一級資料。昭和二十年の元日から大晦日までを収録。
204560-6

つ-10-7
いっさい夢にござ候 本間雅晴中将伝 角田房子
その死は「バターン死の行進」の報いか、マッカーサーの復讐か。マニラで戦犯として刑死した、理性的で情に厚い〝悲劇の将軍〟の生涯を描く。〈解説〉野村 進
206115-6

て-2-3
ぼくが戦争に行くとき 反時代的な即興論文 寺山修司
寺山修司が混とんとする日本と対峙した随想集。現代社会にも警笛を鳴らす叫びでもある。個性ある文体で社会を論じた。待望の初文庫化！〈解説〉宇野亞喜良
206922-0

と-35-1
開戦と終戦 帝国海軍作戦部長の手記 富岡定俊
作戦課長として対米開戦に立ち会い、作戦部長として戦艦大和水上特攻に関わった軍人が、日本海軍の作戦立案や組織の有り様を語る。〈解説〉戸高一成
206613-7

と-28-2
夢声戦中日記 徳川夢声
花形弁士から映画俳優に転じ、子役時代の高峰秀子らと共演した名優が、真珠湾攻撃から東京大空襲に到る三年半の日々を克明に綴った記録。〈解説〉濱田研吾
206154-5

ほ-1-1
陸軍省軍務局と日米開戦 保阪正康
選択は一つ――大陸撤兵か対米英戦争か。東条内閣成立から開戦に至る二カ月間を、陸軍の政治的中枢である軍務局首脳の動向を通して克明に追求する。
201625-5

の-3-13
戦争童話集 野坂昭如
戦後を放浪しつづける著者が、戦争の悲惨な極限に生まれえた非現実の愛とその終わりを「八月十五日」に集約して描く、万人のための、鎮魂の童話集。
204165-3

の-16-1
慟哭の海 戦艦大和死闘の記録 能村次郎
世界最強を誇った帝国海軍の軍艦は、太平洋戦争を通じてわずか二度目の出撃で轟沈した。生還した大和副長が生々しく綴った手記。〈解説〉戸高一成
206400-3